JN084256

スケートボード資本論

文化とまちづくり叢書

――アーバンスポーツは都市を再生させるか

清水 麻帆 著

水曜社

まえがき

スケートボードのようなアクティブで自由なものを否定したり、追い出そうとするべきではない。スケートボードは健全なものであるし、それが自由の一部である（Jacobs 2003）。

本書は、「スケートパークによる都市再生」について論じる。

東京2020オリンピック以後の日本において、社会的にもスケートボードはアーバンスポーツとして認知される一方で、負のパブリックイメージや実際の問題が解消されないままのところもある。そのため、スケートパークが都市やコミュニティを再生させたり、活性化させるわけがないと思っている人の方が多いのではないだろうか。

すでに、欧米では、スケートパークをコミュニティや貧困地区の若者のための活動の拠点や都市再生のための開発用途とする都市政策（再開発）が実施されている。日本においても、スケートボードに関連するさまざまな問題を解決に導きつつ、建設的な効果や正の外部性を生み出す方向へと転換させる契機は今だろう。実際に、国でもアーバンスポーツツーリズムの振興などが検討され始めている。しかし、オリンピック後に建設された利便性のよいスケートパークでも、利用者がほとんどいないようなところが、すでに現れはじめており、都市空間におけるスケートパークの機能や役割を明らかにしておくことが喫緊の課題になりつつある。

これまでも、スケートボードに関する書籍や研究は史学や社会学、スポーツ科学などの学問領域からアプローチされてきた（Beal and Wilson 2004, 矢部 2009; 2012, 毛利 2009, 田中 2016, Porter 2003, Kelly 2005, Coakley 2009; 2011, Yochim 2010, Atencio et al. 2009）。これらのほとんどは、スケーターや文化的集団が対象とされ、サブカルチャー論やストリートカルチャー論、ジェンダー論、ユースカルチャー論、スポーツ科学論から論じられているものが多く、都市再生や政策の視点からスケートパーク自体を取り上げているものは管見では多くない。

では、なぜスケートパークが都市を再生することに寄与するのか。冒頭の言葉は、ジャーナリスト・作家でもあり、都市活動家・運動家でもあったジェイン・ジェイコブズのもので「スケートボードはアクティブで自由なもの」としている。経済学者で『資本論』の著者カール・マルクスも、生活を豊かにする文化や芸術、スポーツ、友情や愛情といった領域の文化的な活動が人々の自由の本質であると考えていた（齋藤2020,pp.268-273）。

「自由」がなぜ都市空間で重要になるのか。文明化に伴い、都市空間が消費空間あるいは経済空間として機能するようになり、交換価値あるいは貨幣でしか判断されない社会になりつつあることが背景にある。こうした社会経済システムは、経済格差や社会的分断をもたらし、持続可能な都市や社会の発展にはつながらない。つまり、使用価値を重視する社会経済が求められているのである。

本書執筆の動機の1つは、文化的な活動が自由の本質であるならば、使用価値のある（人々に有用な）スケートパークがスケートボードという文化的な活動から文化的価値や社会的価値を生み出す文化資本[1]として、消費あるいは経済空間となった都市空間に対して、有効に機能するのではないかと考えたからである。実際に、スケートパークの形成過程からエリア再生までを考察すると、都市空間の縮図もみえてくる。こうした背景から、本書では「スケートボード資本論」と題した。

本書では、娯楽文化（遊び）を基礎（土台）とした文化としてスケートボードを捉え、スケートボードの文化基盤（スケートボード文化）に着目しつつ、新たな2つの視点として都市政策論と文化経済学の視点から、スケートパークによる都市再生について論じる。

第1章では、都市空間におけるスケートパークに関する課題と仮説、そして

2つの社会科学的視点を提示する。第2章から第4章では、都市空間におけるスケートパークの役割や機能について、スケートボード文化に着目して論じる。第2章では、スケートパークの歴史的な盛衰を考察する。第3章では、欧米のスケートパークの聖地化へのプロセスを考察し、観光と今後のスケートパークのあり方や政策のあり方について述べる。第4章では、スケートパークの経済的価値と文化的価値を明らかにし、スケートパークが文化資本になり得るのかについて論じる。

第5章から第7章では、日本におけるスケートパークについて考察・検証する。第5章では、日本のスケートパークの現状と関連する政策を考察し、今後の政策の方向性を述べる。第6章と第7章では、日本のスケートパークの事例研究を通して、人々に利用され続けているスケートパークのアクター（の関係性）や計画過程、運営のあり方を考察する。第8章では、これまでの議論を通して、スケートパークによる都市の再生の要因について論じる。

なお、本書で使用するスケートパークとは、合法化されたスケートボードの利用可能なスペース・空間とし、便宜上、広義にとらえて使用している。そのため、公共・公設及び私設のスケートパークはもとより、公共空間（都市空間）にあるスケートスポット（場所）や複合型になっているスケートプラザなどを含むものを対象とする。また、スケートパークは、一般的にインラインスケートやBMXなどを含めたスペースのことだが、本書では、主にスケートボードについて論じるため、スケートボードの空間に対して使用している。その場合、スケートパーク名などの固有名詞で使用されるスケートボードパークという表記はそのまま使用する。加えて、スケートボードに興じるスケートボーダーあるいはスケートボード愛好家も、スケーターと表記する。

【注】

1　この場合の文化資本とは、社会学者のピエール・ブルデューがいう文化資本ではなく、文化経済学的な意味の文化資本である。

【参考資料】
斎藤幸平（2020)『人新世の「資本論」』集英社新書
田中研之輔（2016)『都市に刻む軌跡』新曜社
毛利嘉孝（2009)『ストリートの思想』NHKブックス
矢部恒彦（2009)「東京都の公園におけるスケボー場所の調査研究 ―スケボー活動に関する研究（その1)『日本建築学会計画系論文集』第74巻第635号, pp.185-192.
矢部恒彦（2012)「スケーター達による公園広場の流用パーク化に関する事例的研究―スケボー活動場所に関する研究（その2)」『日本建築学会計画系論文集』第77巻第672号, pp.409-417.

Atencio, Matthew, Beal, Becky, and Wilson, Charlene (2009) "Distinction of Risk: Urban Skate-boarding, Street Habitus, and the Construction of Hierarchical Gender Relations," *Qualitative Research in Sport and Exercise*, 1.
Beal, Becky and Wilson, Charlene (2004) "'Chicks Dig Scars': Transformations in the subculture of skateboarding," *Understanding Lifestyle Sports: Consumption, Identity, and Difference*, Eds Belinda Wheaton, Routledge Press.
Coakley, Jay (2009) "'Girls just aren't interested': The social construction of interest in girls," *Sociological Perspectives*, vol.52, no.2, pp.259-283.
Coakley, Jay (2011) "Youth Sports: What counts as 'positive development'?", *Journal of Sport and Social Issues*, vol.35, no.3, pp.306-324.
Dumas, Alex and Laforest, Sophia (2009) "Skateparks as a Health-Resource," *Leisure Studies*, vol.28 no.1, pp.19-34.
Jane Jacobs: Neighborhoods in Action （Active Living Network,2003）: https://www.youtube.com/watch?v=Z99FHvVt1G4（2023年3月20日参照）
Kelly, Deidre, Pomerantz, Shauna, and Currie, Dawn (2005) "Skater girlhood and emphasized femininity: 'You can't land an Olle properly in heels'," *Gender and Education*, vol.17, no.3, pp.229-248.
Marx, Carl (1984) *Das Kapital Volume III* (*Capital Volume 3: Critique of Political Economy*) ＝『資本論』(三) 向坂逸郎訳（1969）岩波書店
Porter, Natalie (2003) "Female Skateboarders and their negotiation of space and identify," *Journal for Arts, Science, and Technology*, vol.1, pp.75-80.
Yochim, Emily Chives (2010) *Skate Life: Re-imagining White Masculinity*, Michigan Press.

スケートボード資本論 ―アーバンスポーツは都市を再生させるか　目次

※本文中の敬称は省略した。
※提供明示のない写真は著者による撮影。

第1章 都市・スケートパーク・文化

提供：iStock

1. 若者を魅了するスケートボード

スケートボードは、遊び[1]から始まり、ストリートカルチャーというスタイリッシュな文化的背景もあって、若者を惹きつけ、市場を拡大し続けている。世界のスケートボード人口（2023）を正確に測ることは困難であるが、約8,500万人にのぼるという（Skateboarders HQ）。そのうち、2021年のアメリカのスケーター人口は約875万人（Statista）であり、世界全体の1割以上を占めている。実際に、アメリカ国内のスケーター人口は、野球の人口よりも多い（Skateboarders HQ）。

「グローバルスケートボードマーケット2023調査報告書（SkyQuest Technology Consulting）」によると、2021年のスケートボードの市場規模は約3,790億円（27.1億米ドル：1ドル＝140円で換算、以下同）であった（Businesswire 2023）。同市場は2022年の約3,960億円（28.3億米ドル）から、2030年には約5,820億円（41.6億米ドル）に達すると試算されている（Businesswire 2023）。同市場で中心的な役割を果たしているのが、Z世代である。2022年のスケートボード市場の収益全体のうち38.4％が12歳から17歳の10代であったという。また、国別では、2017年の収益全体において最大であったのが、北アメリカ地域で、全体の34％を占めていた（Grand View Research 2023）。

若者を中心とした市場拡大の背景には、エックス・ゲームズ（X games〈以下、Xゲームズ〉）などをはじめとした多彩な競技大会が開催されるようになり、スケートボードの認知度が向上したことがあげられる。特に、若者を惹きつける要素の1つは、スケートボードの持つ文化的な魅力だろう。実際に、近年の世界のスケートボードを取り巻く現状は、ファッションやアートと結びつき、広く認知され、変容している。同時に、スケートボードの持つ文化的要素がファッションの付加価値を生み出し、経済的価値を高めることも示されている。

たとえば、世界的なファッションブランドのKENZOは、2014年の「パリコレクション」の会場にスケートパークを使用し（ファッション通信twitter〈現・X〉2014）、現在のアーティスティック・ディレクターであるNIGOも、2023年6月に発売された初のスニーカーシリーズ第1弾は、スケートボードシューズ「KENZO-DOME（ケンゾー・ドーム）」であった。DOMEは、パリのスケートボードスポットでもある「DOME」から着想を得ている（WWWJAPAN 2023）。DOMEはパレ・ド・トーキョーのことであり、第3章でも概説しているスケートボードの聖地の1つである。

また、2022年4月30日に韓国ソウルで初のコレクションを行ったディオール（Dior）は、梨花女子大学のキャンパス内にスケートパークを兼ねたランウェイを設計し、「フォール2022ウィメンズコレクション」を開催した。ランウェイの前後には、ガールズスケーターらによるパフォーマンスが披露された（TECULTURE MAG 2022; Christian Dior YouTube 2022）。他にも、2023年2月10日から15日にかけて開催された「2023-2024秋冬ニューヨーク ファッションウィーク」では、アリス＋オリヴィア（Alice+Olivia）の会場中央部分にスケートボードのランプが設置され、バギーデニムを身につけたスケーターらによるパフォーマンスが行われた（ELLE 2023）。

世界では、先進国も開発途上国も関係なく、スケートボードの持つ文化的な要素が若者をはじめとする人々を魅了し、それに伴ってスケートボード市場もファンション産業や音楽産業とも関連づいて発展しているのである。

2. 都市空間の再生におけるスケートパークの課題

市場を拡大し、経済的価値が認識されるようになったスケートボードだが、近年、都市再生や活性化のために、スケートパーク再開発などが実施されるようになっている。都市空間におけるスケートパークの位置付けや課題について明らかにしておこう。

(1) 都市空間とスケートパーク

都市空間とスケートパークの関係について、主に触れているのが、建築史家のイアン・ボーデンと都市史家・建築史家でありスケーターでもあるオーシャン・ハウエルである。

ボーデンは、都市における公共空間の建築や場を研究対象としており、スケートパークの場合も公共空間の1つとして、都市空間の建築物におけるスケートボーダーの行動（スケートボーディング）を精神的・身体的あるいは唯物論的な視点からとらえ、スケートボードが持つカウンターカルチャー的な存在が資本主義や経済空間となった都市に対して重要な役割を果たすと論じている。彼は、「スケートボードは交換ではなく、使用としてのユートピア的都市概念の断片である」（Borden 2001=齋藤・中川・矢部訳2006,p.310; Borden 2019, p.225）ととらえ、スケーターがモダニズムまたは消費空間としての都市を批評する（Lefebvre 1991,p.136; Borden 2019, p.225）と述べている。

対して、ハウエルは、ボーデンの言及するスケートボード（パーク）における使用価値とその重要性を認識して同意しつつも、スケートボード自体が都市化とともに、2000年以降、より生産的な交換価値のあるものとして都市空間で再構築されている点を指摘する。つまり、以前のスケートボードには交換するもの（交換価値）がなかったが、現在はそうではないという。「ストリートカルチャー」自体が市場性を持つようになっているためである。

また、ハウエルは、地域経済学者のリチャード・フロリダのクリエイティブ・クラス論を取り上げて論じている。クリエイティブ・クラス論は、ゲイ・インデックスやボヘミアン・インデックス、そしてハイテク・インデックスを全米で数値化し、それらが高い都市が発展していることを実証した。そうした都市は、クリエイティブ・クラスの人々が存在する、多様性や寛容性のあるところだと主張する。クリエイティブ・クラスの中核には、科学・工学、建築・デザイン、教育、芸術、音楽、エンターテイメント関連に従事する人々がいて、その周辺は、ビジネスや金融、法律、健康関連などの専門家で構成されている[2]（Florida 2002）。

フロリダのクリエイティブ・クラス論に基づけば、クリエイティブな時代の都市の発展には、社会資本などのインフラよりもむしろクリエイティブ・クラスの人々が求める生活文化やライフスタイル、あるいは文化や風土を提供するための都市政策が求められているととらえられる。しかし、それは消費空間を促進する都市であるとハウエルは示唆する（Howell 2018, p.164）。これについて、実際に、都市アメニティと政策を政治文化から考察した政治哲学者のテリー・クラークは、生産よりも消費に対応あるいは反応した政策になっていると述べている（Clark et al., 2004, p.302; Howell 2018, p.164）。ハウエルは、こうした都市政策のあり方はスケートボードにも現れていると指摘する（Howell 2018）。

たとえば、アメリカ・ペンシルバニア州フィラデルフィア市のジョン・F・ケネディ・プラザ、通称ラブ・パーク（LOVE Park）というスケートパーク（スポット）は、その昔にギャングが活動し、薬物などが横行する場所であったが、ギャングや路上生活者以外の若者が同公園でスケートボードに興じるようになり、ここを囲むように立地していたオフィスビルに通う人々も、ランチなどで公園を利用するようになっていった。その結果、富裕層やエリートなども訪れるにようになるまでに再生し、この街区に活気をもたらした（Howell 2018, pp.157-163）。

しかし、エリートたちが訪れるようなエリアになると、フィラデルフィア市側は、スケートボードを迷惑なものとして、公園での滑走を禁止しようとした。それに対し、同公園の設計者でもあったエドモンド・ベーコンや利用者のスケーターらが反対したが、最終的に全面禁止になった（Howell 2018, pp.157-163）。現在は、代替のスケートパークがラブ・パークからは距離のある美術館の隣に設置されている（Borden 2019, p.156）。

スケートパークが建設されると、周辺にカフェやギャラリー、バーなどが建ち並び、人々を惹きつけ、都市を再生させる。そのため、アメリカの都市計画の担当者の一部は、路上生活者が集まっているようなエリアを一掃し、地価を上げる再開発の手段の1つとしてスケートパークを認識しているのである(Skate News Wire 2020)。

こうした考察から、ハウエルは、モール化する都市空間に対して、スケートボードが「ジェントリフィケーションの一部 (Skate News Wire 2020)」に関与することで加担をし、スケートボード (パーク) が経済的手段とされている (Skate News Wire 2020) ことに警鐘を鳴らすのである。

(2) 文化と経済との関係

スケートパークあるいはスケートボードが資本に取り込まれる理由の1つとして、ストリートカルチャーが市場性を有していることが既存研究より指摘されていた。この点については、2000年以降だけではなく、歴史的に見ても、ほかの文化と同様、資本主義経済下では、文化と経済が関連づくことを避けるのは困難であるし、それによって文化としても継承され発展してきた面も当然ある。

実際に、祭礼や伝統工芸品などの生活文化や芸術作品などの芸術文化、そしてスポーツのスポーツ文化などのあらゆる文化は文明化の過程で経済と直接的・間接的に関連づいて、文化自体も継承・振興・発展してきた。劇場も、もともとは生活文化であったが、現在は芸術産業として成り立っているのである。

それぞれの都市や地域で蓄積されてきた文化は、地域由来の歴史や記憶に基づくものであると同時に、文化的な交流や活動から生まれ、醸成、蓄積されるため、土地や家のように交換できるものではない。都市空間で蓄積された地域固有の文化となり、その街の人たちに利用されることによって、生きた文化として継承されて存在しているのである (清水2022 p.110)。そして、それが地域固有の魅力となり、都市文化の一部となる。その結果として、観光資源の1つの要素となる場合もあり、都市経済の活性化や再生へとつながる。

それゆえ、本質的な課題は、文化的なものや文化自体が市場性を持つことではなく、文化と経済が関連づくプロセスの途上で、スケートボード本来の文化あるいは真正性を消失することであり、土地の人々によって、スケートボード文化のコアな（芯あるいは核となる）部分をどう継承・アップデート・振興していくのかという点になろう。

したがって、スケートボードの文化的要素が経済と関連づくことを否定するのではなく、都市空間における文化と経済とのバランスの方法やあり方を明らかにすることが、都市空間の再生や活性化において問われているのである。

(3) スケートパークは経済的手段か

スケートパーク自体が経済的手段になり、近隣住民やスケーターがもといた場所に住めなくなったり、スケーターが資本や政治の介入により都合よく都市空間で排除されるようであれば、それは問題になる。この点は、スケートパークに限らず、財政学者や地域経済学者、社会学者からすでに指摘されている。アーティストやボヘミアンなども、意図的でないにしろ、ジェントリフィケーションに関与している事実も認められる（Zukin 2010; 2014）。そして、この要因の1つはアメリカの財政構造にある。

ニューヨーク市やサンフランシスコ市などの大都市の税収のなかで高い割合を占めるものが不動産税であることから、自治体は、エリアの再生はもとより、再開発事業を通じて、不動産税や事業税からの増収が見込めることになる（大島・林・宮本1989；清水2004）。そのため、自治体の財政再建や安定を含めた都市再生の手段となりえる、あるいはそう認識されているのである。

つまり、スケートパークによるジェントリフィケーションの現象やその弊害は、地価高騰の顕著なアメリカに顕著に現われる傾向がある[3]。一方で、日本では、スケーターが単にあるエリアから排除されることがあっても、スケートパークの設置が要因で地価が高騰したり、ほかのエリアにおいても住めなくなるようなことは今までほとんど経験していない。アメリカ国内においても、どの程度の割合で、スケートパークの近隣地区の地価が高騰しているのかについては触れられていないため、すべてにおいて経済的手段になっているとは明確には判断しかねる。

むしろ、住民生活に支障がなければ、忘れ去られ荒廃したエリアに店舗が再び立地することは、コミュニティとして再生あるいは再構築する過程としてとらえられる。実際に、スケートパークが都市やコミュニティの再生において有効に機能している事実がある。たとえば、日本では、スケートパークという合法的に滑れる場所を提供することで、スケートボードに関連する問題の解消や緩和に貢献しているケースがいくつも存在している。

欧州でも、社会的効果創出を目的として、コミュニティや貧困地区の若者の拠点づくりのためのスケートパークの再開発などがすでに実施されている。オーストラリアのクイーンズランド州も、スケートパークを「コミュニティのハブ（中心）」として、若者だけではなく、高齢者も交流できるコミュニティライフの場所として位置付けている（Borden 2019, p.168; Dumas and Laforest 2009, pp.19-34; Bradly 2010）。また、中心市街地にスケートパークを設置することによって、犯罪率などが低下したという報告もある（Borden 2019, p.165; Taylor and Marais 2011, pp.84-95; McFadyen and Longhurst 2014）。世界の諸都市では、スケートパークが「若者を惹きつける健全で活動的なライフスタイル」を提供する好ましい場所であるという認識が広がり始めているのである（Borden 2019, p.168; Dumas and Laforest 2009, pp.19-34; Bradly 2010）。

したがって、スケートパークは、必ずしもジェントリフィケーションを発生させるような経済的手段になり得ているわけではなく、都市空間の衰退または荒廃した地域や倉庫街のコミュニティを再生し、活気づけたり、スケートボードに関連する問題の解消に役立つ潜在的可能性を持っているのである。

本質的な課題は、上述の通り、資本の理論や政治の介入によって、スケートボードに介在する創造性や表現のための自由が制限されたり、そこから生まれるスケートボードの文化が脅かされたりすることである。なぜなら、自由や創造性から生み出されるスケートボードの文化的構成要素がスケートボードの本来の姿を保持するものであると同時に、本来あるいは本質的なスケートボードのコアな文化が継承され、新たな文化が生まれ、蓄積されているためである。そのことが、スケートボード自体の魅力を高めて、若者を惹きつけ、都市に活気をもたらす都市文化を構成する要素の1つとなる。

都市文化の1つであるからこそ、観光とも関連づく場所になるところもある。この場合の観光とは、大会イベント参加での消費的な観光だけではなく、滑りに訪れる体験型の観光である。野球場やバスケットボールなど、他のスポーツの施設であれば、どこも同様な施設になるが、都市文化の1つとなるようなスケートパークはそこに行かなければ体験できないものである。

スケートボードやスケートパークが持つ文化的価値が、経済的価値を高めたり、生み出したりすることがある。一方で、文化的価値はあるが経済的価値のないものもある。この点からも、スケートボード文化の真正性となる文化基盤を保持・振興することは、経済と文化とのバランスを保つことにもつながり、そのあり方を明らかにすることが都市空間や都市再生には必要とされているのである。

3. スケートボードの文化基盤

(1) スケートボードは文化なのか

スケートボードは、もともとストリートカルチャーから生まれており、遊びが土台あるいは基礎となっているといわれる。昨今も、スケートボードが文化かスポーツかといった議論がスケーターの間などでもなされているが、遊びや娯楽も文化であり、スポーツも文化である。つまり、スケートボードが文化活動であるとするならば、そこには、スケートボードの核（コア）を成す文化が存在しているだろう。

文化という概念は広義であるため、まず、文化の概念を説明しておこう。文化は研究分野によって研究対象となる範囲が異なる。たとえば、文化人類学や社会学では、集団の価値観や慣習などの生活洋式や生活文化などのことを対象として使用されることが多く、先述のように、スケートボードやスケーターに関連する既存研究においても、その行動様式などが対象とされているものがほとんどである。

一方で、文化経済学では、経済学者の山田浩之によれば、それらの研究分野よりも「より狭義であり、文化施設や文化産業、文化振興で用いられている文化の意味に対応している」。また、次のような定義を採用している。文化は、「心の糧」になるものであり、「自然に対して、学問・芸術・道徳・宗教など、人間の精神の働きによってつくり出され、人間生活を高めてゆく上の新しい価値を生み出してゆくもの」（『日本国語大辞典 第二版』）である。そうして生み出された文化的価値を保有する文化的財・サービスのプロセスを考察する学問分野が文化経済学[4]である。その研究対象として、芸術文化、娯楽文化、観光文化、生活文化、スポーツ文化、学術文化などがあげられている（山田2016,p11）。

民族学者の梅棹忠夫も、「文化とは遊び」であり、「心のたし」であるとして、次のように述べている。

> 地域文化ないし文化とは何ぞや、ということなんですが…、要するに「遊び」ですね。いかに上手に遊ぶか、人生の可処分時間をいかに有効に使い、人生を充実させるか、ということです。……遊びというのは、奇想天外な思いつきを生み出す。独創性があるんですよ。これはとてもいいことだと思います。……儲け仕事なら大勢の人は集まってこない。純粋な精神的エネルギーが肉体をつき動かす。結局はお金まで引っ張り出

すのです。遊び心のちょうど裏返しになりますが、私心がないということは、非常に大事なことだと思います。……人間が食べることに追われている「腹のたし」の時代から、人の手足にかわり機械によって生活物資とエネルギーの生産を行う「筋肉のたし」の時代へ、そして最後に、「心のたし」の時代が来るということを言っていました。今ようやく「心のたし」の時代になりつつあるわけです（サントリー文化財団1991）。

梅棹の述べているように、「文化とは遊び」であり、「心のたし」であるならば、文化のコアな部分は遊びであるととらえられる。スケートボードの場合は、文化経済学の分類対象の文化でとらえるならば、競技スポーツの1つでもあるため、スポーツ文化の1つであるが、もともとは遊びから発祥しており、創造性に重きが置かれ、それを共に楽しむものであることから、娯楽文化が土台となっているとも考えられる。「娯楽」とは「人の心をたのしませ、なぐさめるもの。また、楽しむこと。」（『広辞苑 第七版』）である。

スケートボードの土台が遊びという娯楽文化になっている理由の1つには、新しい技をスケーター自身が創造し、メイク（成功）させて、スケーターらはもとより仲間や観客もそれを楽しむものであることがあげられる。競技大会でさえも、創造性の高さとして、技の難易度と新しさ、芸術的なパフォーマンスに重きが置かれた評価方法[5]になっている。スケートボードは柔道や陸上などのように定まった規則やルールもないため、速さや強さといったわかりやすい判断基準で競うものではなく、個人の創造性の高い技や芸術的なパフォーマンスによって評価される。加えて、服装も自由で、音楽が流れるなかで行われる。こうした特徴を有するため、スケートボードはスポーツ文化や芸術文化という側面を持ち合わせているが、その根底には娯楽（遊び）の文化があるととらえられる。

それは、次のようなところにも表れている。スケートボード界では、競技大会を試合ではなくコンテストという（Victory Sports News 2019）。試合は、勝負・勝敗を争うことであり、コンテストは、作品などの技術力の優劣を競うことである。コンテストを使用する傾向にあるのは、上述の創造性や芸術性、それを表現するパフォーマンスに重きが置かれているからだろう。

東京2020オリンピック金メダリストの堀米雄斗選手も、スケートボードは遊びの要素が強く、コンテストであっても「楽しさ80％、勝ちにいくのに20％」とし、それが「かっこいいし、リスペクトされる」と述べている（Victory Sports News 2019）。プロもアマチュアも関係なく、「遊び」であるとか「楽しむ」という娯楽文化を基盤として興じるのがスケートボードの本質あるいは文化的特性である。

日本政府の検討会であるアーバンスポーツツーリズム研究会においても、一般的にスケートボードはほかのスポーツと異なり、その範疇を超えるものとして言及されていたのは（スポーツ庁 2021）、こうした特性があるためだ。アメリカでは相対的にスポーツとしてとらえられ、欧州では芸術ととらえられている傾向も少なからずある。どちらにせよ、スケートボードの根底にあるのは「遊び」の娯楽文化といえよう。

(2) スケートボード文化とは

遊びという娯楽文化がスケートボードのコアな部分（基礎）を形成していることを説明してきた。社会学者で哲学者のアンリ・ルフェーブルは、「遊びの空間、楽しみの空間は、交換価値よりも使用価値に重きが置かれ、所有や利益よりも意味や喜びを強調する（Lefebvre 1991,p.348）」と指摘している。つまり、スケートボードが娯楽文化を基礎とするものならば、スケートパークはルフェーブルが言及している使用価値のある空間として機能する。

「使用価値のある空間」が都市空間の再生で重要になるのは、利潤優先の経済システムでは、交換価値で判断されるようになるため、経済格差やあらゆる（民族的、文化的、社会的）分断をもたらし、さらに地理空間的な分断を生み出して、さまざまな都市問題を引き起こすためである。その結果、都市あるいは社会全体での持続可能な発展を困難にさせる。実際に、ルフェーブルも、都市空間は、無料で利用できる市場や取引所のように商品などの交換を促進する場所となり、過去30年間で駅や博物館でさえも、都市空間の小売あるいは交換の機会として利用されていることをあげ、本来都市空間は豊かで多様な用途の場所であるべきとして警告を鳴らしている（Lefebvre 1996,p.73）。

これに関しては、社会学者のルイス・マンフォードや地理学者のデイヴィット・ハーベイ、そして経済学者の宮本憲一も、1980年代からすでに都市空間が消費空間あるいは経済空間として機能している点を批判的に考察し、同様なことを指摘している（Munford 1970; 宮本1989; Lefebvre 1968; Harvey 2001）。マルクスの資本論研究者で経済学者・経済思想家の斎藤幸平も現在の状況を批判的にとらえ、脱経済成長の持続可能な社会に向かうことを求めている（斎藤2020, 2023）。

これらの主張は、都市空間に経済的価値のあるものしか残らない社会になってしまう、あるいはそうした傾向にあるということに警鐘を鳴らしている。私たちの社会に突きつけられた壮大な問題に対して、すでに、カール・マルクスは、消費や生産のように生存に絶対必要なものではないが、人生や生活を豊かにするための芸術、文化、スポーツ、愛情・友情の「集団的で、文化的な活動領域にこそ、人間的自由の本質がある」（斎藤2020,p.272）とし、これらの領域の拡大が交換や消費への対抗となると考えていたという（斎藤2020, pp.268-272）。同様に、ルフェーブルも、芸術やスポーツなどの遊びは人々に主体性や活力を与えて、対抗し、都市を再構築することを提唱していた（Lefebvre 1968=森本訳 2011）。こうした思想に対し、斎藤は使用価値を重視した経済への移行を主張している（斎藤2020; 2023）。

文化経済学的にいうと、先述の通り、経済的価値は生じないが、文化的価値があるものも存在する。たとえば、「個人が美的価値などの文化的価値を自己生産・自己消費するケースである。日曜画家が画を描き自宅に飾る場合、美的価値を持つ画が私的財として自己生産され自己消費されている」（山田2016,

p.13)。スケートボードの場合であれば、自分自身の技（トリック）を美的価値とするならば、それを成功させる人々は、技や技術を自己生産し、自己消費するととらえられるだろう。また、カメラやビデオで知り合いのスケーターや自分自身の映像を撮って個人的に楽しむ場合、このケースに含まれる。

後者の場合は、ユーチューブなどに映像をあげてスポンサーがついたり、あるいはそのスケートパークが有名になってスケーターの観光地となったりすれば、経済的価値をもたらすこともある。いずれにせよ、スケートボードの本質的な部分は、娯楽文化活動から生まれる喜びや幸福感などの生活の質の豊かさであり、先述の「心の糧」であるとか「心のたし」であるといえる。

つまり、「社会的、心理的、身体的幸福を高める機会」（Borden 2019, p.168）をスケートパークは提供しているのである。カナダのシャーリーン・シャノンとタラ・ワーナーによると、単にスケートボードに興じる場としてだけではなく、スケーターが「歓迎され、受け入れられ、励まされる」場でもあると言及している（Shannon and Werner 2008, pp.39-58; Borden 2019, p.168）。つまり、スケートボードコミュニティを形成する仲間づくりの場所でもあり、仕事や学校など以外の居場所づくりにもなっている。そうした場所が複合的な幸福感を生み出しているのである。つまり、レイ・オルデンバーグの「サードプレイス[6]」の役割を果たしているといえるだろう。

こうした使用価値を重視した、利害関係のほとんどない、あるいは交換価値では判断されない遊びという娯楽文化を基礎としているがゆえに、資本主義社会下において、スケートボードに興じることのできる空間やスケートパークが都市空間に存在することは、消費や交換のみで評価・判断される都市空間ではない、活気や多様性のあるクリエイティブな都市へと導ける1つの文化的な生産の場所として重要な役割を担っていると仮定できるのである。

もともとスケートボードはストリートカルチャー発祥の文化として、社会に対するカウンターカルチャーとしてとらえられていたが、現在では、多様な人々が興じている大衆文化（ポップカルチャー）に変容しつつあるともとらえられる。そうした時代の潮流によって変容していた場合でも、スケートボードの本来の文化を基盤としていれば、現代の都市空間においても、消費文化や交換価値で判断されるものに対するカウンターカルチャー的な役割を果たすことできるだろう。そのことが人々の幸福感や心の糧につながり、交換価値がないと判断されるような過去となった場所や忘れ去られた空間を違う視点からとらえ、活かすことにつなげることができるのである。それゆえ、都市空間において、交換価値がないと判断された場所を再生させることが可能なのである。

したがって、スケートボードが有する文化基盤とは、「使用価値を重視した（人々に有用な）、創造性を生み出す遊びの娯楽文化を基礎とした文化活動（スケートボードに興じることや交流）によって人間生活を高めて新しい価値を生み出すもの」であると定義し、本書では「スケートボード文化」と呼ぶことにしよう。

遊びは、「心のたし」あるいは「心の糧」として、交換価値ではなく使用価値で判断されて、多くの人が集まるものであり、その結果として経済的価値を生じさせたり、高めたりすることにつながる。これを前提とするならば、スケートパークは、スケートボード文化を基盤とした空間であることが都市再生には重要な要因になり、それが使用価値経済につながると仮定できる。

4. 新たな社会科学的な分析視角

これまでの都市空間とスケートパークに関連する主な研究は、都市化のプロセスで経済空間として機能する都市空間に問題意識を持ちつつ、都市史と建築史から進められてきた。ボーデンは、建築史に哲学の視点を加えて、スケートパークの建築的観点から消費空間におけるカウンター的な存在としてスケーター（スケートボード）の本質を明らかにした。ハウエルは、それに同意しつつも、アメリカの都市史から都市化の過程におけるスケートボードを取り巻く環境の変化をとらえ、スケートボードやスケートパークが経済的手段となっている点を指摘していた。

では、どうすれば、スケートボードの文化と経済とのバランスを取りつつ、都市の再生や活性化に導くことができるのだろうか。上述のスケートボード文化を基盤としたスケートパークなのか。都市空間におけるスケートパークの機能的役割（経済的価値や社会的価値を含む文化的価値あるいは使用価値と交換価値）はどのようなものであるのか。

これらの問いに対する答えを、これまでの研究成果を前提にして、いくらかでも明らかにすることを試みるため、スケートボード文化に着目し、都市再生におけるスケートパークの役割を都市政策論と文化経済学の2つの新たな社会科学的視点から論考する。

(1) 都市政策論的視点

スケートパークは準公共財の性質を持つものである（あるいは活動場所が公園やストリート、スポットなどの公共空間である）ことは、都市政策論の視点からも研究されるべき対象になる。そのため、スケートパークの主体（アクター）はスケーターと近隣住民あるいは市民になる。スケートパークの計画や公共空間の使用においては、アクターの関わり方や役割の考察が行われる必要がある。つまり、都市政策論の視点を加えることで、スケートパークの形成プロセスを考察する点に加えて、スケーターだけではなく、彼らを含めた近隣住民あるいは市民を主体としてとらえる点がこれまでの研究とは異なるといえよう。

こうした考察を通じて、自治体やスケーターを含めた近隣住民や市民のスケートパークの開発計画や運営などにおける関わり方が、どのように（スケートボード文化を基盤とした）スケートパークのあり方やエリア再生・活性化に影響を及ぼしているのかについて論じる。

(2) 文化経済学的視点

スケートボード文化を基盤とするスケートパークは文化経済学の視点からも研究されるべき対象になる。スケートボード文化が都市文化を構成する一部としてとらえられるならば、スケートパークも文化施設と同様な機能を果たすことができると考えられる。

都市空間に新たな文化が生み出されるのは、自由な文化活動（スケートボードや文化的交流）が行われている空間（スケートパーク）であり、そこで文化がアップデート・蓄積されることで、固有の文化が醸成された空間となる。それは、交換価値ではなく、使用価値で判断された空間となるのだが、そこに人が集まるようになると、文化的空間という条件も加わり、周辺に自然とカフェやほかの店舗が立地し始め、文化的空間や文化的雰囲気を創出し、何もなかったエリアにコミュニティが形成され始める場所もある。結果として、それが賑わいにつながる[7]。

歴史のあるスケートパークなどは、スケートボード文化が地域やコミュニティのスケートパークで蓄積されているため、ボーデンのいうカウンターカルチャーの要素も新たな文化と共に蓄積されている。そうであるならば、スケートパークは、新たな文化的価値を生み出すだけではなく、蓄積する役割を果たし、それぞれの歴史のなかで継承されている文化的な固有性を醸成することに寄与しているのである。

つまり、スケートパークは文化資本として、文化経済学の対象となり得る。また、文化的財としての経済的価値と文化的価値を問う場合、文化と経済との関係性について経済学的な考察を行うことになる。そのため、文化経済学からの視点を加える。これらの考察を通じて、スケートパークの機能的な役割を明らかにし、スケートパークによる都市再生とそのあり方を論じる。

【注】

1　移動手段として使用していた説もあるが、第2章で概説している。

2　詳しくは、Florida, Richard (2002, 2012) *The Rise of the Creative Class* を参照されたい。

3　ジェントリフィケーションなどによって社会に悪影響を及ぼすようなものが発生し、それが市場で解消できない場合（市場の失敗）には、公共政策論的な視点から、スケートボードに限らないが、政府や自治体が介入して、何らかの対策や規制を講じて対応すべきものとなる。

4　文化経済学は、Baumol・Bowen（1966）によって分析されたことから始まり、Throsby（2001）によって理論化され、日本では、山田や池上（1993）などによって発展してきた。

5　パリオリンピックでは「ストリート」「パーク」で評価方法が変更されるようである。

6　サードプレイスの条件は、レイ・オルデンバーグ『サードプレイス』（2013）を参照されたい。

7　先述のように、文化施設や芸術地区、歴史的建造物などに関しては、ジェントリフィケーションが発生し、そこの文化を担っていたもともといた住民が住めなくなるという本末転倒の状況に陥り、問題となるケースもある。

【参考資料】

池上惇・山田浩之（1993）『文化経済学を学ぶ人のために』世界思想社

大島通義・林健久・宮本憲一編著（1989）『政府間財政関係論―日本と欧米諸国』有斐閣

斎藤幸平（2020）『人新世の「資本論」』集英社新書

斎藤幸平（2023）『ゼロからの「資本論」』NHK出版新書

サントリー文化財団（1991）「遊びこそが文化の本質」『地域文化ニュース』第9号（1991年8月掲載）

清水麻帆（2004）「都市再生事業における文化インキュベーターシステムの役割―サンフランシスコ市・Yerba Buena Centerプロジェクトの事例研究から」『地域経済学研究』第14巻 pp.81-107.

清水麻帆（2022）『「まち裏」文化めぐり［東京下町編］』彩流社

スポーツ庁（2021）「アーバンスポーツーリズム推進に向けた論点整理（案）（アーバンスポーツーリズム研究会）」
https://www.mext.go.jp/sports/content/20210315-spt_stiiki-000013443_04.pdf（2023年3月20日参照）

ファッション通信twitter〈現・X〉（2014年9月28日）
https://twitter.com/Fashion_Tsushin/status/516193841972772864（2023年7月23日参照）

宮本憲一（1999）『都市政策の思想と現実』有斐閣

宮本憲一（1995）『都市をどう生きるか』小学館

山田浩之（2005）「公立文化施設と文化経済学」『月刊自治研』vol.47（550）pp.20-26.

山田浩之編著（2016）『都市祭礼文化の継承と変容を考える―ソーシャル・キャピタルと文化資本』ミネルヴァ書房

Baumol, W.J and Bowen, W. G（1996）*The performing Arts The Economic Dilenma*, The MIT Press ＝『舞台芸術　芸術と経済のジレンマ』池上惇・渡辺守章監訳（1994）芸団協出版部

Borden, Iain (2001) *Skateboarding, Space and the City: Architecture and the Body*, Oxford International publishers＝『スケートボーディング、空間、都市―身体と建築』齋藤雅子・中川美穂・矢部恒彦訳（2006）新曜社

Borden, Iain (2019) *Skateboarding and the City: a complete history*, Bloomsbury Visual Arts.

Bradly, Graham L（2010）"Skatepark as a Context for adolescent development," *Journal of Adolescent Reseac*h, vol.25, no.2, pp.288-323.

Businesswire（2023年7月19日）"Global Skateboard Market Report 2023: Sector is Expected to Reach $4.16 Billion by 2030 at a CAGR of 4.38% - Research And Markets.com" https://www.businesswire.com/news/home/20230619246515/en/Global-Skateboard-Market-Report-2023-Sector-is-Expected-to-Reach-4.16-Billion-by-2030-at-a-CAGR-of-4.38---ResearchAndMarkets.com（2023年7月30日　参照）

Butz, Konstantin and Peter, Cristian（2018）*Skateboarding Studies*, Koening Books

Christian Dior YouTube（2022年5月1日）「Dior Fall 2022 Show」 https://www.youtube.com/watch?v=hTU4_-iWJW（2023年7月23日参照）

Clark, Terry Nichols, Lloyd, Richard, Wong, Kenneth K, and Jain, Pushpam（2004）"Amenities Drive Urban Growth: A New Paradigm and Policy Linkage," *City as Entertainment Machine*, Ed. Terry Nichols Clark, Oxford: Elsevier.

Dumas, Alex and Laforest, Sophia（2009）"Skateparks as a Health-Resource," *Lesure Studies*, Vo.28, no.1, pp.19-34.

ELLE:（2023年3月1日）「多様性を祝福するNYへの愛にあふれた、2023-2024秋冬ニューヨーク ファッションウィークを現地レポート」 https://www.elle.com/jp/fashion/trends/a43052560/2023-2024-fall-winter-newyork-fashion-week-report23-02/（2023年7月23日参照）

Florida, Richard（2002）*The Rise of the Creative Class: and How It's Transforming Work, Leisure, Community and Everyday Life*, Basic Books=井口典夫訳『クリエイティブ資本論―新たな経済階級の台頭』（2008）ダイヤモンド社

Florida, Richard（2012）*The Rise of the Creative Class, Revisited* , Basic Books=井口典夫訳『新クリエイティブ資本論―才能が経済と都市の主役となる』（2014）ダイヤモンド社

Grand View Research（2023年8月10日）"Skateboard Market Size, Share & Trends Analysis Report By Product（Street Board, Long Board）, By End-user（Kids, Teenagers, Adults）, By Region, And Segment Forecasts, 2023 – 2030." https://www.grandviewresearch.com/industry-analysis/skateboard-market"（2023年8月20日参照）

Harvey, David（2001）*Space of Capital: towards a critical geography*. Routledge

Harvey, David（2013）"The Right to the City," *International Journal of Urban and Regional Research*, vol.27. no.4, pp.939-941.

Howell, Ocean（2018）"The 'Creative Class' and the Gentrifying City: Skateboarding in Philadelphia's Love Park," *Skateboarding Studies,* Koening Books = Howell, Ocean（2005）"The 'Creative Class' and the Gentrifying City: Skateboarding in Philadelphia's Love Park," *Journal of Architectural Education*, vol.59, no.2, pp.32–42.

Lefebvre, Henri（1968） *Le Droit à la ville,* Anthropos＝『都市への権利』森本和夫訳（2011）筑摩書房

Lefebvre, Henri（1991）*Production of Space*, Oxford Blackwell＝『空間の生産』斎藤日出治訳（2000）藤原書店

Lefebvre, Henri, Kofman, Ekeneonore, and Labas, Elizabeth eds,（1996）*Writing on Cities*, Oxford Blackwell.

MacFayden, Jo and Longhurst, Glynis（2014）“Parks for Sport and Recreation,”*Hamilton City Council, research report*（28 March, 2014）

Molotch, Haevey（1976）“The City as a Growth Machine,”*American Journal of Sociology*, vol.82, no.2, pp.309-332.

Munford, Lewis（1970）*The Culture of Cities*, Mariner Books＝『都市の文化』生田勉訳（1974）鹿島出版会

Oldenburg, Ray（1991）*The Great Good Place*, Marlowe & Company=『サードプレイス』
忠平美幸訳（2013）みすず書房

Shannon, Charlene S and Werner, Tala L（2008）“The opening of a Municipal Skate Park,” *Journal of Park Recreation Administration*, vol.26, no.3, pp.39-58.

Skate News Wire（2020年1月12日）“Interviews: Ocean Howell Explains How Skateboarding Is Used for Gentrification”
https://skatenewswire.com/solo-ocean-howell-interview/（2023年3月25日参照）

Skateboarders HQ,“70+ Skateboarding Statistics & Facts You Don’t Know About”
https://www.skateboardershq.com/skateboard-statistics-facts/（2023年7月22日参照）

Statista,“Number of skateboarding participants in the United States from 2010 to 2021”
https://www.statista.com/statistics/191308/participants-in-skateboarding-in-the-us-since-2006/（2023年8月10日参照）

Taylor, Myra and Marais, Ida（2011）“Not in My Back Schoolyard,” *Australian planner*, Vol.48, no.2, pp.84-95.

TECULTURE MAG（2022年5月3日）「D.ペロー設計 梨花女子大学校でファッションショー」
https://mag.tecture.jp/culture/20220503-59781/（2023年7月23日参照）

Throsby, David（2001）*Economics and Culture*, Cambridge University Press＝『文化経済学入門』中谷武雄・後藤和子監訳（2002）日本経済新聞社

Throsby, David（2010）*Economics of Cultural Policy*, Cambridge University Press＝『文化政策の経済学』後藤和子・坂本崇監訳（2014）ミネルヴァ書房

VICTORY ALL SPORTS NEWS（2019年7月17日）「堀米雄斗にとってスケートボードは“遊び”？『楽しんで勝つ人がリスペクトされる』醍醐味」
https://victorysportsnews.com/articles/7442/original（2023年7月30日参照）

Weyland, Jokco（2002）*Answer is never: A Skateboarder's History of the World*, Grove Press.

WWW JAPAN　（2023年5月31日）「『ケンゾー』のNigoによる初のスニーカーシリーズ　第1弾はスケボーシューズ」
https://www.wwdjapan.com/articles/1568721（2023年7月23日参照）

Zukin, Sharon（2010）*Naked City : The Death and Life of Authentic Urban Places*, Oxford University Press＝『都市はなぜ魂を失ったか』内田奈芳美・真野洋介訳（2013）講談社
Zukin, Sharon (2014) Loft Living: Culture and Capital in Urban Change, Rotgers University Press.

第2章

スケートパークの盛衰

提供：横須賀市

本章では、スケートパークの盛衰をスケートボード文化から考察する。なお、スケートボードの歴史が長く、市場規模も大きいアメリカを中心としている。

1. スケートボードの発祥

スケートボードは最初、移動手段であった。「スケートボードの起源は1930年代から50年代のアメリカ・カリフォルニア州にある」(Borden 2001=齋藤・中川・矢部訳2006, p.18; Davidson 1976, pp.13-14; Pennell 1978, p.1; Smythe 1980, p.35; Redondo 1989, p.62; Brooke 1999, p.40)。当時は、現在の形のものとは異なり、スクーター型の木製のもので、1950年代後半の間に、木箱やハンドルが取り除かれ、最初のスケートボートといえるものが現れた。1960年代前半までは、地元の若者の移動手段の1つとして使われたのである。

1960年代から70年代頃になると、スケートボードをしていた人の多くはサーファーで、天候が悪く海に出られない際に、海岸沿いの街の道路や車道をサーフィンのスタイルを真似て滑走していた。こうした初期のスケーターは、ロサンゼルスの小中学校の校庭などのバンク(幅広の緩斜面)で、サーフィンの技術をスケートボードに適応していた。こうした現象は、アメリカの海岸沿いや市営住宅などだけではなく、ロンドンのヘイワードギャラリーの下にあるコンクリートのバンクでも、若者がスケートボードに興じていたという(Borden 2001=齋藤・中川・矢部訳2006, pp.41-42; Pennell 1978, p.1)。

1970年代後半になると、バンクだけではなく、湾曲した(すり鉢状の)プールでの滑走が人気を博していた。ロサンゼルスのハリウッド・ヒルズやマリブなどの高級住宅街の家にはプールがあり、自宅のプールや公園のプールなどで滑っていた(Borden 2001=齋藤・中川・矢部訳2006, p.43; Lowboy 1989, pp.42-43; Brooke 1999, p.38; Borden 2019)。そして、治水事業として建設されていた巨大な円形の排水溝でも、スケーターがフルパイプに見立てて滑り始めていた（Borden 2001=齋藤・中川・矢部訳2006, pp.53-59; Smythe 1980, p.38 and p.44）。

スケートボードの発祥は、サーフィンとの何らかの関わりがあり、当時のスケーターは、都市空間で滑走場所になるような場所を発見し、どのように攻略して滑るのかを楽しみ、さまざまな技を自由に編み出していた。つまり、スケートボードは、人の想像力と創造性が組み合わされた活動であり、それを成功させた際に達成感が味わえる遊びといえる。エクストリーム・スポーツに分類されていることからも、危険な技などへの挑戦もあり、そうした意味でも興奮する遊びでもある。このような特性のスケートボードは、瞬く間に若者を魅了し、音楽やファッションとも結びつき、ライフスタイルの一部になっていったのである。

2. スケートパークのグローバル化と衰退

その後、スケーター人口は、アメリカの南カリフォルニアだけで、1975年には約200万人に達し（Borden 2001=齋藤・中川・矢部訳2006, p.75; Weir 1977, pp.14-15; Pennell 1978, p.1）、アメリカ全土においては、1978年から1979年の間に、2,000万人から4,000万人に増加した（Borden 2001=齋藤・中川・矢部訳2006, p.75; National Safety Council 1978; Keteyian 1986, p.47; Pennell 1978, p.1; Wishon and Oreskovich 1986, pp.11-15）。それを示しているように、1970年代後半において、『ピープル』や『ニューズウィーク』などの雑誌でもスケートボードが取り上げられた。加えて、スケートボード専門誌の『スケートボーダー』はスケートボード関係者である製造業や建築家（設計者）、写真家、スケーターなどに影響を与えた雑誌であり、当時約100万人が購読していたという（Borden 2001=齋藤・中川・矢部訳2006, pp.75-76; Adams 1979, p.52）。これはアメリカだけの現象ではなく、世界においても確実に人気が高まっていたことを示している。

1960年代後半以降、スケートパークは徐々に洗練されたデザインとなった。その頃からスケートパークが設立され始めたが、1970年代半ば頃からは、商業施設としてのスケートパークが特にアメリカでは増加している（Borden 2019, pp.118-143）。同じ頃、日本にも、千葉県に私営の太東スケートボードセンターがあった。

アメリカ国内で私営のスケートパークが増え始めた背景には、「70年代の一番儲かるビジネスチャンスの1つ」（Borden 2001=齋藤・中川・矢部訳2006, p.76; Horowitz 1978, p.120）として商業的な手段であったことがあげられる。そのため、開発業者は、スケーターが滑っている姿を一度も見たことがなく、裏庭プールやパイプのような挑戦的なものではなかった（Borden 2001=齋藤・中川・矢部訳2006, p.78; Horowitz 1978, pp.120-121; Inouye 1977, pp.52-53）。換言すると、初期のスケートパークは、スケーターの想像力や創造性を発揮できるような、スケーターを満足させる設計にはなっていなかった。それは、スケートボード文化の本質が考慮されていなかった、あるいは理解せずに設計されたものが多かったためといえる。

1978年頃には、ビジネスとしてのスケートパーク間の競争が激化していった。この頃、カリフォルニア州のオレンジ郡に開園したのが、これまでの歴史上で最も有名なビッグ・オー（Big O）・スケートパークであった（Borden 2019, p.127; 齋藤・中川・矢部訳2006, p.87; Counts 1981, pp.9-15; Sharp 1978; Gillogly 1978）。同様に、他の州でも、それまでの既存のスケートパークよりも高度な機能を持ったスケートパークが開園していった。こうした新たなスケートパークが開園するなか、古いパークのほとんどが独自のプールを追加で設置し、パーク自体の魅力を保持していた（Borden 2019, pp.127-132）。

こうした状況は、アメリカ国内だけではなく、グローバル化していた。イギリスをはじめとしたヨーロッパはもとより、南アフリカやアジアなどの諸都市で、スケートボードが浸透・拡大し、それに伴って商業的なスケートパークが建設されるようになっていた。それらはアメリカの場合と同様に、そこまで高度で洗練された設備ではなかったため、スケーターは高度なパークを欲していた（Borden 2001=齋藤・中川・矢部訳2006, p.88; Hey 1977, pp.12-13）。そうしたなかで、1977年に建設費総額約1,700万円（10万ポンド：1ポンド=170円で換算）をかけた高度で挑戦的な設計のスケートシティがイギリスにオープンした（Borden 2001=齋藤・中川・矢部訳2006, p.88; "The Sun Rises on Skate City,"1977, pp.28-30; "U.K. News"1977, p.8）。

その他、ベルギー、ドイツ、グアテマラ、アイルランド、オランダ、プレルトリコ、スイス、ストックホルム、カナダ、ブラジルなどをはじめとした国や地域でスケートパークが建設された。日本も、渋谷東急文化会館屋上のカリフォルニアスケートパークなどが当時オープンしている（Borden 2019, pp.133-134; Harris 2009, pp.98-99）。

1970年代は、スケートボード文化シーンのグローバル化に伴い、スケートパークは、世界の諸都市に存在するようになっていたが、1980年代の前半または初頭までに、アメリカのスケートボード全盛期の時代は終焉を迎えた。1978年頃には、アメリカ国内で採算が取れない状態のスケートパークが多くなり、1980年までに、スケートパークの多くが閉鎖を余儀なくされ、2年後にはほとんど姿を消したといわれている（Borden 2019, pp.134-137）。その背景には、スケートパーク内での事故やケガに関連する訴訟、それに伴う保険料の高騰も少なからず閉鎖の要因の1つとなっていたことがあげられる（Borden 2019, p.134; Synder 2012, p.806; Marcus and Groggi 2011, pp.18-29; Levy 1978, p.124）。こうして、アメリカでの1970年代のコンクリートで建設されたビジネスとしてのスケートパークは後退・衰退していった。

一方で、イギリスでは、スケーターからの要望により、自治体などの公的機関によるスケートパークが多く建設されていた。イギリスのスケーターはお金をかけずに日常的に滑ることができ、スケーターにとって「重要な基盤」（Borden 2001=齋藤・中川・矢部訳2006, p.92）となる場所が存在していたのである。そのため、アメリカの商業主義のスケートパークのほとんどが姿を消していくなかで、イギリスのスケートパークは1980年代以降も存続し、スケートボード活動の基盤となる場所として機能していた（Borden 2001=齋藤・中川・矢部訳2006, p.92）。

3. スケートボード文化シーンの復活

商業的なスケートパークが衰退した一方で、1976年頃から、木製ランプを自作する（自家製〈以下、DIY〉）スケーターが多くなり、その需要は高かった。彼らは、既存のスケートパークや自宅などの庭、荒廃したエリアに自作の木製ランプなどを設置したり、コンクリート製の建物を建設するなどして、スケートボード環境を自分たちで整えていった。

当時の木製ランプは、1970年代のハーフパイプの傾斜とは異なり、多くが独立して設置される湾曲した構造のものであった。このハーフパイプは1980年代半ばにはすでに支持を集め、人気が高かった。1983年に発行された雑誌『スラッシャー（Thrasher）』に木製のハーフパイプの傾斜のつくり方が掲載され、当時売り切れたほどであった。1990年代においても、木製ハーフパイプの需要は継続され、政府からの補助金で支援された木製ハーフパイプも現れるようになった（Borden 2019, p.138; "Ramps" 1985; Redondo 1989, p.54; Snyder, p.712）。

ミニランプ（ハーフパイプの小さいもの）は、1980年代終わり頃になると、一般的に設置される人気の設備の1つになっていた。ミニランプは、ハーフパイプよりも小さく、ケガなどのリスクも低減できるため、競技などの高度な技を磨きたいスケーターより、娯楽や趣味の感覚に近い一般のスケーターを含めた広範なローカルスケーターを魅了したのである。そのため、コミュニティの一角や個人の敷地内などの狭小エリアや小規模なエリアでよく見かけられ、特に地方都市や小さい街の施設の重要な用途の1つであったという(Borden 2001=齋藤・中川・矢部訳 2006, pp.102-103; Borden 2019, pp.139-140; Caballero 1989, p.49; Kanights 1988, pp.46-51, p.91; Kaupas 1988, p.123)。

この頃になると、都市空間に存在するものを模倣した手すりや段差や縁石、小規模のスロープや障害物など、ストリートスタイルが体験できるようなものも製作され、提供され始めていた。1980年代後半には、高さ1m以下のジャンプ台に人気が集まっていたという。こうした手づくりのハーフパイプやミニスロープは、スケーターが製作に関わっていることがほとんどであった(Borden 2019, p.139; Ramsay 1985 (February), p.14; Ramsay 1985 (March), p.14)。しかしながら、木製のものは、コンクリートのものと比べて滑走した際の音が大きくなるため、騒音などの問題を引き起こした(Borden 2019, p.140; Ramsey 1980, p.72; 1984, p.146;. 1998, p.72)。

特筆すべきは、この頃のスケートパークは、都市空間に存在する形状や手すりなどとスケーターがデザインした設備との多様な組み合わせのものがほとんどであり、これがスケーターの意欲を掻き立てたことである。一方で、これまでの商業的なスケートパークのほとんどが、挑戦的で革新的なデザインこそがスケーターの意欲を掻き立てるものと思われていたが、本来はそうではなかったことが示された。

実際に、スケーターが好んだのは、競技のように寸法などに基準がある均一的な球場施設などとは異なり、都市空間のような環境とスケーターの需要のある自作のランプなどが融合したDIYスケートパークであった。この頃のDIYスケートパークは、常に自分たちで新たな設備を追加したり、既存のものを改善しつつ、スケーターの要望などをとらえて変化し続けていた(Borden 2001=齋藤・中川・矢部訳2006, p.109; Joyce 1997, 1993, pp.8-9)。ボーデンによると、これらのスケートパークは、プロなどにも評価が高い施設も多く存在し、運営もうまく操業できていたという。その背景には、パークの所有や運営がスケーター自身であった点があげられている(Borden 2001=齋藤・中川・矢部

訳2006, pp.104-106; "Pay" 1990, p.53)。

たとえば、有名な自作スケートパークの聖地の1つとして、オレゴン州ポートランドのバーンサイドスケートパーク(Burnside Skate Park)がある。バーンサイド橋の下の放置されていた駐車場に、1990年頃からスケーターが無許可でトランジションなどをつくり始めたことが、最初である。その後、バンクやクォーターパイプなども次々と設置された。

加えて、著名なスケーターであるトニー・ホークスのビデオのロケ地になったことで、さらに世界的にも知られるようになった。こうしたプロセスは、世界中のスケーターを魅了しただけではなく、自作スケートパークの潮流を広めるきっかけの1つにもなった。当時、無許可だったパークは、現在、公的機関に認められたスケートパークになっている。そして、ローカルスケーターや国内外のスケーターを今日まで魅了し続けている場所の1つになっているのである。

このように、1970年代に隆盛していたビジネスとしてのスケートパークが衰退する一方で、DIYスケートパークがスケートボード文化シーンを復活させる要因の1つとなっていた。元来、スケーターは都市空間におけるストリートでの滑走の変化を楽しむものである。DIYのスケートパークには、それぞれの都市空間やストリートから着想を得たデザインで、需要の変化などにも柔軟に対応でき、多様な組み合わせのある仕様になる。それがスケーターの創造性を刺激し、スケーターを魅了した。そして、それぞれが地域固有のスケートパークになるのである。

こうした自作スケートパークが都市空間に面で点在することは、スケートボードに興じる機会が広範に提供され、スケートボード文化の継承・振興にも寄与していたことが、スケートボードの需要を支え、復活したといえる。

4. 世界的なコンテストの始まり

先述の自作スケートパークやストリートでのストリートカルチャーシーンの復活などもあり、1990年代終盤までには、本格的にスケートボードの人気が復活していた。

1980年頃のアメリカでは、ほとんどのスケートパークが閉鎖され、1990年時点では、アメリカの公的機関のスケートパークは3か所ほどであったという（Borden 2019, p.149; Cave 2005）。それが、2000年までに、カリフォルニア州だけで規模や公的・私的機関関係なく、180以上が新たに開園し、2004年までに約200のスケートパークが存在していた（Borden 2019, p.144; Hamm 2014）。全米においては、2005年までに約2,000か所に達し（Borden 2019, p.144; Cave 2005）、第1章で述べた通り、2022年頃までに、3,500のスケートパークが立地した。

復活の背景には、先述の自作のスケートボード空間でのスケートボード文化シーンの復活や訴訟および保険料などに対するリスクを軽減する法律の制定があげられる。加えて、世界的な大会・コンテストやイベントの開催がスケートボードの認知度や人気に大きく影響を及ぼした。

たとえば、1997年から開催されているフランス・モンペリエのフェスティバル・インターナショナル・デ・エクストリームズ（Festival International des Sports Extrêmes）、通称FISEである。初回大会には、3日間で100名以上が参加したという。当時、地元のビジネススクールに通っていた大学院生のエヴァ・アンドレ・ブノワが自身の研究プロジェクトとして始めたイベントであったが、結果としては世界でスケートボードを含むエクストリーム・スポーツを知らしめるものになった。現在まで毎年世界中で開催され、1997年に日本で初めて広島で開催された際には、約8万6,000人が来場した（テレ朝ポスト 2019）。

2000年代初頭からは、アメリカでエックス・ゲームズ（X games〈その前身がエクストリーム・ゲームズ〉以下、Xゲームズ）が始まった。観客数は、Xゲームズとして公式開催された2005年には19万8,000人だったのが、年々増加し、スケーター人口も増加させた（X games）。加えて、有名選手などをはじめてとしたユーチューブなどのSNSによる映像・情報の発信やスケートボードに関連した雑誌も、広範な人々に対する認知度の向上やスケーター人口の増加に影響を及ぼした。

また、ハード面においても、時代を経て改善が続いていた。たとえば、コンクリート仕様のランプも以前よりも安価に建設でき、質も上がって滑走がしやすく、音を抑えられるようになっている。加えて、この頃になると、ハーフパイプ（ミニランプ）とは対照的なメガランプが進化した形で再登場する。これには、2004年以降、Xゲームズなどの世界的な競技大会で選手が次々と大きな技を繰り出していたことが影響を及ぼしていたのだろう。こうしたなかで、中国の上海（2005年開園）や広州（2015年開園）にも、企業支援によって広大な敷地を有するスケートパークが出現した。前者の広さは1万3,700㎡、後者は1万6,900㎡で、前者には、当時世界最大の垂直ランプが設置された（Borden 2019, pp.147-148; Cain 2013）。

この頃のスケートパークの建設には、スケーターであることはもとより、スケートボードの専門知識のある専門建設業者や建築家が以前よりも当たり前のように従事するようになっていた。スケートパーク自体の設計やデザインについてもスケートボードの知識や経験が必要となるし、施工に関しても特殊な形状であるため、仕上げる技術が必要になる。スケートボードに関連する産業として、ファッションやボードのデザインだけではなく、建設業や建築業の新たな分野の雇用を創出する専門業種の1つとして成熟してきたのである。

5. 中間支援組織や非営利組織の出現

2000年前後からは、公的機関だけではなく、中間支援組織や非営利組織（以下、NPO）などもイニシアティブを取り、スケートパークの推進に貢献している。

たとえば、著名スケーターであるトニー・ホークスの個人的な寄付によって設立されたスケートボード・プロジェクである。前身は2002年設立のトニー・ホークス財団で、現在までスケートパークの設置などへの支援を行っている（The Skateboard Project）。同組織は、アメリカ国内で唯一の公共スケートパークの開発と助成を目的とした団体である。特に、アメリカ国内の低所得者地域の青少年が安全に活動できる質の高い公共のスケートパークの建設を、包括的に支援してきた実績を持つ。設立以来、50州・約600以上の公共スケートパーク事業に14億円（1,000万ドル：1ドル＝140円で換算、以下同）以上を支援してきた（The Skateboard Project）。

また、資金援助だけではなく、コミュニティに貢献する高品質のスケートパークを建設できるようにガイドラインなどをはじめ専門的なノウハウの提供をしている（The Skateboard Project）。同ガイドラインは、スケーターズ・フォー・パブリック・スケートパーク（Skaters for Public Skatepark）、トニー・ホーク財団（現・The Skateboard Project）、国際スケートパーク企業協会（IASC＝International Association of Skateboarding Companies）が共同で作成し、「公共スケートパーク開発ガイド（Public Skatepark Development Guide）」としてウェブサイト上に無料で公開されている。

同ガイドでは、地元でのスケートパークの構想からアドボカシー活動や資金調達、設計、建設、運営管理まで詳細に説明がなされている。これは、ローカルのスケートパークがその地域のスケーターのイニシアティブによって建設される傾向があることから、それをボランティアで行う人のために作成されたものである（The Skateboard Project）。

加えて、同組織は、中間支援組織として、国際的にも、財政的な支援を実施している。その1つに、世界的にスケートボードと教育を介した青少年の支援活動を行っている組織であるスケーティスタン（Skateistan）への支援がある。アフガニスタンやカンボジア、南アフリカ共和国でのスケーティスタン・プログラムに約2,100万円（15万ドル）を拠出している（The Skateboard Project）。

スケーティスタンはドイツ・ベルリンを本局地として活動している国際非営利組織（NGO）であり、特にスポーツや教育から排除されがちな女子や障害を持つ子どもたち、低所得者層の子どもたちに対して支援を行っている。同組織は、スケートボードに芸術などの創造的な活動を組み合わせた教育サービスを提供し、楽しみながら技術や自信を育み、友人をつくる機会を提供することによって社会的障壁を打ち破ることができる安全な居場所を国際的に提供している（Skateistan）。

スケートボードを介した青少年育成のプログラムを提供している組織は、他にも種々あり、アメリカのYMCAやロータリークラブ、ボーイズ・アンド・ガールズ（Boys & Girls）などがあげられる。

諸外国においては、特に青少年へのスケートボードを介した教育事業や公共スケートパークの設置支援などを行っている組織や団体が多数存在し、健全なスケートボードの振興に貢献している。スケートボードに関わる人々が、スケートボードの普及に尽力し、さまざまな面をサポートすることによって、スケートボード環境を整備・維持し、多くの人々がスケートパークにアクセスできるような環境をつくり出していることが示されている。特にアメリカでは、ヨーロッパに比べて公共スケートパークが相対的に少ないため、こうした財団などの非営利組織の活動は、広範な人々によるスケートボードの文化（や活動）を継承・振興するために重要な役割を担っている。

こうしたスケートボード環境を支援する活動の裾野の広さがスケーター人口を増加させ、人々の心身を健全に保つことに寄与しつつ、その一部が競技大会を目指し、そこからメダリストやプロを輩出する社会経済的な循環を創出しているといえる。NGO／NPOや財団などが、さまざまな方向からスケートボード振興や支援を行うことにより、スケーターといったコアな人たちだけではなく、地域の人々を巻き込んだ形で、広範な市民がスケートボードに触れたり、スケートパークにアクセスできる環境が少なからず提供されている。

中間支援組織や非営利組織あるいは地域コミュニティの団体は、スケートパークという空間から生み出される価値を認識し、現代社会やそこに介在する問題に応じた形で、スケートボード文化の継承・振興・発展に寄与していた。それは、これらの組織が使用価値に基づいて活動する組織であることに起因しているだろう。したがって、これら組織や団体は、都市やコミュニティの再生や維持可能な発展にとって、重要な役割を担っているのである。

6. インクルーシブでオープンなスケートパークへ

近年、世界の諸都市では、公的機関によって補助されたスケートパークが多く出現するようになった。それは、公的機関がスケートボードの社会的効果を認識し始めたことが理由としてあげられる。たとえば、スケートボードは、相対的に安価にアクセスでき、健康増進にもなる。加えて、創造性や起業家精神なども養い、個人の育成に役立つものである（Borden 2019, p.149）。実際に、福祉国家であるスウェーデンや貧困といった社会問題を抱えていたベネズエラなどでは、1980年代にはすでに無料の公共スケートパークを提供しており、その効果があったという（Borden 2019, p.149; Snyder 2015, pp.700-713, p.782,783）。

現在においても、都市やコミュニティの全てで、スケートボードが歓迎されているわけではないし、スケートパークにはフェンスがあったり、利用時間が制限されているところが多くあり、コミュニティスペースとして、とらえられないという学術的な指摘もあるが、こうした無料で開放された公共空間としてのスケートパークや滑れる場所が増え、近隣でアクセス可能なパークが点在するようになった。

公共のオープンスペースとしてのスケートパークが増えたことで、近年は以前よりも、多様性のある空間となっているところも多い。以前は、男性スケーターが主な利用者で、女性や子どものスケーター自体も相対的に少なく、男性以外がスケートパークを利用しにくい環境があったが、それも変化しつつある[1]。それは、多くの研究結果において、ポジティブな結果が得られているためである。スケートパークの設計・デザイン自体も公園自体や都市景観に溶け込むように融合されたコミュニティ志向のデザインのものが主流となっている（Borden 2019, pp.165-169; Jackson 1984, p.130; Taylor and Marais 2011; MacFayden and Longhurst 2014；Bradly 2010; Shannon and Warner 2008）。

具体的には、年齢や性別などさまざまな背景に関係なく、多様なスケートボードのレベルまたは能力の人々を受け入れるインクルーシブな環境のスケートパークが多く建設されるようになった。加えて、1つ空間のなかで連続した形で組み合わされた（マルチプルな）「トランジション」スケートボーディング（Borden 2019, pp.150-151; "Stuntwood"1980; The Skateboard Mag 2015, p.42; O' Connor 2016）のような創造性が発揮できるような設計・デザインが求められている。

加えて、スケートパークの機能だけではなく、他のスポーツやカフェなどが併設された複合開発のスケートパーク（プラザ）が現れるようになり、ランドスケープ・アーキテクトによって、自然や文化を活かした設計・デザインがなされる傾向にある（Borden 2019, pp.152-156）。

たとえば、カナダのスケートプラザであるフォーク（The Fork）は、歴史的地区の中の一部の公園に設置されており、サンフランシスコやバルセロナ、東京のスケートスポットの要素を取り入れたデザインになっている。バスケットボールや野球のエリア、遊歩道、商業施設、ホテルがある複合開発されたエリアの中に、スケートパークが設置され、オープンエリアの一部として存在している。他にも、照明といった設備はもとより、カフェや洗練された建物、バーベキュー場なども一緒に設置されている（The Fork）。

照明があることで、学校や仕事帰りに立ち寄ることができるし、カフェなどがあれば、そこで利用者同士と語らうこともできる。こうした多様な人々が集まれる空間は、コミュニティやスケートボードコミュニティへの帰属意識やアイデンティティの認識を高めることに少なからず貢献することにつながるといえよう。実際に、フォークは、都市再生のための再開発事業（都市政策）として計画・実施されたものである（The Fork）。

他にも、イギリス・ケント州のフォークストンという港町には、2022年4月に世界初の複層式スケートパークとして、F51が開園した。フォークストンはケント州のなかでも最も貧困な地区であり、その再生事業として計画されたものである。利用料[2]はかかるものの、若者文化の中心地として機能させることを目的とした施設で、3層式のスケートパークはもとより、ボクシング、クライミングウォール（ボルタリング）、そしてカフェが併設されている（F51）。

昨今のスケートパークは、都市景観に溶け込み、広範な人々が利用しやすいインクルーシブなデザインが重視され、コミュニティの拠点として、新たな賑わい創出としての機能を期待されている。

7. スケートボード文化の重要性

スケートパークの歴史的な盛衰を通して、最初にスケートボードが現れた際も、スケートパークが衰退しつつあった際にも、創造性を刺激する遊びが根底にあり、それがDIYのスケートパークの需要を高め、スケートボード自体を復活させたといえる。その後の、マルチプルなトランジションなどの人気の背景にも同様なことがいえよう。それは、近年のインクルーシブで都市景観に溶け込むようなオープンなスケートパークにおいても同様であった。したがって、都市空間でスケートパークが有機的に機能するには、そうしたスケートボード文化が重要な役割を担っているのである。

【注】

1　私営のところでも、商業的な目的ではあるが、利用者として女性をターゲットとすることで、女性利用者を増加させることに寄与しており、相乗効果をもたらしている。

2　本施設には利用料がかかる。さまざまな料金形態があり、メンバーシップになれば、月額となり相対的に安く利用できるようには設定されており、年間のメンバーシップも現在準備中である（F51）。

【参考資料】

テレ朝ポスト（2019年4月18日）「4日間で8万6千人動員。“異次元”のスポーツフェスティバル『FISE（フィセ）』とは？」
https://post.tv-asahi.co.jp/post-84076/（2021年2月21日参照）

Adams, Jay（1979）Interview, *Skateboarder*, vol.6, no.4.

Balch, Don（1977）“Kiwis in Wheels,” *Skateboarder*, vol.4, no.10.

Bradly, Graham L（2010）"Skatepark as a Context for adolescent development," *Journal of Adolescent Research*, Vol.25, no.2, pp.288–323.

Borden, Iain（2001）*Skateboarding, Space and the City: Architecture and the Body*, Oxford International publishers＝『スケートボーディング、空間、都市ー身体と建築』齋藤雅子・中川美穂・矢部恒彦訳（2006）新曜社

Borden, Iain（2019）*Skateboarding and the City: a complete history*, Bloomsbury Visual Arts.

Brooke, Michael（1999）*The Concrete Wave*, Warwick.

Caballero, Steve（1989）Interview, *Thrasher*, vol.9, no.6.

Cain, Alexandra（2013年9月23日）“Aussie builds world’s largest skateboard park,” *Sydney Morning Herald*.
https://www.smh.com.au/business/small-business/aussie-builds-worlds-largest-skateboard-park-20130920-2u40l.html（2023年3月4日参照）

Cave, Damien（2005年6月12日）“Dogtown, U.S.A.,” *The New York Times*.
https://www.nytimes.com/2005/06/12/fashion/sundaystyles/dogtown-usa.html（2023年1月22日参照）

Christopherson, Pete（1978）“Hereford Helps Itself,” *Skateboard!*, no.16.

Counts, Dodly（1981年3月）“L.A. Skatepark Paradise: Part I,” *Thrasher*, vol.1, no.3, pp.10-15.

Counts, Dodly（1981年4月）“L.A. Skatepark Paradise: Part II,” *Thrasher*, vol.1, no.4, pp.9-15.

Davidson, Ben J（1976）*The Skateboard Book*, Grosset & Dunlap.
Dumas, Alex and Sophia, Laforest（2009）“Skateparks as a Health-Resource,” *Leisure Studies*, vol.28 no.1, pp.19-34.
F51 https://f51.co.uk/home（2023年3月4日参照）
FISEウェブサイト https://www.fise.fr/en（2023年3月4日参照）
Gillogly, Brain（1978）“Skateparks: Part Sixteen,” *Skateboarder*, vol.4, no.7 pp.52-79.
Hamm, Keith David（2014）*Scarred for Life : Eleven Stories about Skateboarders*, Chronicle Books.
Harris, Corbin（2009）*Ultimate Guide to Skateboarding*, HarperCollins.
Hey, Stan（1977）“Wheeler and Dealers,” *Time out*, no.381.
Horowitz, Mary（1978）“Racial Energy Infiltrates Big Business,” *Skateboarders*, vol.4, no.8.
Inouye, Wally（1977）Interview, *Skateboarder*, vol.4, no.2.
“In and Around Barrow,”（1990） *Thrasher, SK8 Action*, pp.40-45.
Jackson, J.B.（1984）*Discovering the Vernacular Landscape*, Yale University Press.
Joyce, Dan（1993）“Radiation,” *R.A.D*, no.118, pp.8-9.
Joyce, Dan（1997）“Strange Deaths in Walkerfield,” *Sidewalk Sufer*, no15.
Kanights, Bryce（1988）“6 Foot Under,” *Thrasher*, vol.8, no.2.
Kaupas, Natas（1988）Interview, *Thrasher*, vol.8, no.2.
Keteyian, Armen（1986）“Chariman of the Board,” *Sports Illustrated*, vol.65, no.23.
Levy, Jim（1978）“Skate Park Insurance Discussion,” Interview, *Skateboarder*, vol.4, no.10.
Lowboy（1989）“Truth and Screw the Consequences,” *Trasher*, vol.9, no.6.
MacFayden, Jo and Longhurst, Glynis（2014）“Parks for Sport and Recreation,”*Hamilton City Council, research report*（28 March, 2014）
Marcus,Ben and Groggi, D Lucia（2011）*The Skateboard: the Good, the Rad, and the Gnarly. An Illustrated History*, MVP Books.
National Safety Council（1978）*Skateboarding*, Bulletin.
O’Connor, Paul（2016）“Skateboard Media and a Hong Kong Skatepark,” *Journal of Sport and Social Issues*, vol.40, no.6, pp.477-498.
“On Hit,”（1985）*Thrasher*, vol.7, no.2.
Pannell, Hazel（1978）*Skateboarding*, GLC Intelligence Unit, London.
“Pay Your Dues,”（1990）*Thrasher*, vol.10, no.5.
Public Skatepark Development Guide,“Brief History of Skateparks” https://publicskateparkguide.org/vision/brief-history-of-skateparks/（2023年2月21日参照）
“Ramps: a Generation Guide to Building a radical, Wooden Skateboard Ramp, ”*Thrasher*（1985）High Speed Productions.
Ramsay, Craig（1980）“Off the Wall,” *Thrasher*, Vol.5, no.2.
Ramsay, Craig（June 1984）“The Ramp Page” *Thrasher*, Vol.4, no.6, p.46.
Ramsay, Craig（February 1985）“The Ramp Page: Street Ramps Part 1,” *Thrasher*, Vol.5, no.2.
Ramsay, Craig（March 1985）“The Ramp Page” Street Ramps Part 2,” *Thrasher*, Vol.5, no.3.
Ramsay, Craig（February 1988）“Mount Frostmore” *Speed Wheels*, Vol.2, pp.22-23.

Redondo, Don（1989）“History of the Skateboard,” *Thrasher*, Vol.9, no.6.
Skateistan　https://www.skateistan.org（2023年3月4日参照）
Shannon, Charlene S and Werner, Tala L（2008）“The opening of a Municipal Skate Park,” *Journal of Park Recreation Administration*, vol.26, no.3, pp.39-58.
Smythe, John（1980）“The history of the World and other Short Subjects,” *Skateboarder*, vol.6, no.10.
Stuntwood: the Birth, Life and Death of a Skateboard, Directed Jeff Roe（映像）
Synder,Craig B（2015）*A Secret History of the Ollie. Vol1: the 1970s*, Black Salt Press.
The Forks.
https://www.theforks.com/attractions/the-plaza-at-the-forks（2023年3月4日参照）
Taylor, Myra and Marais, Ida（2011）“Not in My Back Schoolyard,” *Australian planner*, Vol.48, no.2, pp.84-95.
The Skateboard Mag no.132（2015年3月）p.42.
The Skateboard Project　https://skatepark.org（2023年3月4日参照）
Thrasher（1992）Vol.12, no.7 , p.4.
“The Sun Rises on Skate City,” *Skateboard!*, no.4.
“U.K. News”（1977）*Skateboard!*, no.2, p.8.
Wishon, Phillip M and Oreskovich, Marcia L（1986）“Bicycles, Roller Skates and Skateboards: Safety Promotion and Accident Prevention,” *Children Today*, vol.15, no.3, pp.11-15.
Weir, La Vada（1977）*Skateboards and Skateboarding: the Complete Beginner's Guide*, Julian Messner.
X games　https://www.xgames.com/our-history（2023年2月21日参照）

第3章

スケートパークと観光

提供：ナイキジャパン

スケートパークやスケートボードスポットには、さまざまなストーリーを持つ聖地があり、そこにはローカルだけではなく、世界中からスケーターが一度は滑ってみたいと集まるスケーターの目的地（観光におけるディスティネーション）がある。周辺にはそこでしか購入できないローカルのスケートボードブランドがあり、アートやスケートボードビジネスにも関連づいて、相乗効果をもたらしている。こうした場所は、スケートボード文化がシーンとして蓄積、醸成された場所として文化資本の機能を持つ。それに関していくつかの国際事例を通じて以下で考察・検証する。

1. スケートボード文化と聖地化

(1) スケートボード文化シーンの原点

スケートボード発祥の地とされる歴史ある不動の聖地として、アメリカ・カリフォルニア州ロサンゼルス市のベニススケートパークと、欧州におけるスケートボードの文化シーンの原点であろうロンドン・サウスバンクを考察する。

1) ベニススケートパーク

ベニススケートパークは、ロサンゼルス市のサンタモニカの海岸沿いのクラシックな聖地の1つである。同市は、スケートボードの発祥の地ともいわれ、気候も温暖でプロスケーターも多く在住していることからも、スケーターが多い地域である。そのため、習い事の定番の1つとして、社会的にもスケートボードが浸透している（及川2019）。一方で、2013年にスケートボードに関する法律が改正され、ストリートで滑ることが禁止されている地域も一部あり（American Legal Publishing）[1]、スケートボードのあらゆる面を現在も体現している街である。

同市が所管する公共のベニススケートパークの周辺には、ローカルスケートボードブランドやショップが立ち並び、観光地の1つにもなっている。トリップアドバイザーによると、ロサンゼルスの観光地787件中49位に位置し、ローカルスケーターはもとより、観光客にも人気の高いスケートパークでもある。

ここが聖地の1つとなった背景には、ローカルスケーターらによる忍耐強い活動の歴史と共に蓄積されてきたスケートボード文化がある。ローカル・スケートチームのZ-boys(ジィボーイズ)（以下、Zボーイズ）が、この場所に最初にスケートボード文化シーンを生み出していったことに深く関係している。1970年代のベニスビーチ周辺は、現在のように、爽快な観光地となるような場所ではなく、ヒッピーに象徴されるカウンターカルチャーを背景としたサーファーやストリートギャングなどが混在する、荒廃した治安の良くない貧困地区あるいはスラム街といえるエリアであった。そのため、当時、「犬がうろつく街」として「ドッグ・タウン（Dog Town）」と呼ばれていた（及川2019；Stecyk and Friedman 2002）。

当時、そこには、アジア系アメリカ人のジェフ・ホウらが共同経営しているサーフショップが立地し、居場所がないさまざまなバックグラウンドを持った若いサーファーの集う場所となっていた。そのなかから、ストリートでのスケートボードに興じる人たちが現れたという。ホウは、彼らの技術の高さを世間に知ってもらい、自立させるために、スケートボードの競技チームとして結成させた。そのチームがZボーイズであった（及川2019; Stecyk and Friedman 2002）。

Zボーイズは、人種的に少数派であるヒスパニック系や日系などのアジア系が多く所属していた。当時も、スケートボードに人種は関係なく、そうした壁はすぐに乗り越えられ、絆を生み出すことができた。そうした点が現在でも継承されているのが、スケートボードの良さであり、文化的特徴の1つである（及川2019）。

Zボーイズはそれぞれのキャリアを積むために、また、若者にスケートする

ロサンゼルスのベニススケートパーク

提供：iStock

場所を確保するために、その後、解消となったが、ドッグ・タウンの記憶を継承しつつ、公共の大規模スケートパークの建設を実現するための活動を始めた。ベニススケートパークは、1986年からローカルスケーターやサーファー、市民活動家などが行政へ働きかけ、社会運動を巻き起こし、20年以上かけて実現したスケートパークである（Nieratko 2016; Stecyk and Friedman 2002）。

ヨーロッパでは、公共施設のスケートパークが多い一方で、当時のアメリカでは、公共スケートパークという概念があまり浸透していなかった。そのため、実現は容易ではなかったという。ベニススケートパークは、さまざまな障害を乗り越えて、2009年に完成した公共スケートパークなのである（Nieratko 2016; Stecyk and Friedman 2002）。それは「大衆の勝利を大きな勝利を呼び寄せるために多くの課題や障害を乗り越えるというカウンターカルチャーの特徴である大胆で、根性と希望のある物語である」（Nieratko 2016）。

ロサンゼルス・タイムズにも、「ベニスパークの最良なところは誰でも受け入れてくれる雰囲気である」（Odanaka 2019）と評されている。「年齢や技術のレベル、ローカルスケーターであるかないかに関係なく、ローカル以外のスケーターにも滑る時間を平等に提供してくる」（Odanaka 2019）空間である。実際に、車椅子のスケーターも見かけることがある」という（Odanaka 2019）。

さまざまなことを経験してきたベニススケートパークは、ローカルを含めた広範な市民、そして域外のスケーターによって、今なお、スケートボード文化をアップデート・継承・振興している。今日までのこうしたスケートボード文化の蓄積がこの場所を聖地とし、スケーターや鑑賞者を魅了するのである。

2）ロンドン・サウスバンク

イギリス・ロンドンにあるサウスバンクは、1970年代にロンドンでスケートボードの文化シーンの歴史が始まった場所でもあり、現在でもメッカの1つといえるだろう。同パークは、格式高いクイーン・エリザベス・ホールの下部の空間部分にある。クイーン・エリザベス・ホールは、ロンドンの代表的なオーケストラであるフィルハーモニア管弦楽団の本拠地であり、地下鉄ウォータールー駅から10分程度のテムズ川にほど近い、文化施設が多く立地する文化地区にある。

その下部空間をスケーターがDIYしてつくったのがサウスバンクである。そこは、天井から柱、壁一面にグラフィティなどが描かれた古き良きスケートボードの象徴あるいはランドマークの1つになっている。長い歴史を持つサウスバンクのスケートボードコミュニティからは有名スケーターも輩出されている。

撤去されそうになったこともあり、そのストーリーも含めて聖地の1つである。2013年に、クイーン・エリザベス・ホールの改築事業が発表され、スケートスポットだった部分は商業店舗を入居させる計画が明らかになった。そして、このスポットを撤去する代替案として、近隣のフォールド橋の下に新たなスケートパークを設置することが提案されたという（Blanyney 2015）。

改修事業の発表直後から、それに反対するローカルスケーターによる草の根の社会運動が起こり始めた。その活動団体は、次世代にもこの場所で安全に滑って欲しいという願いから、ここを保全・継承していくという意味を込めて「LONG LIVE SOUTHBANK（LLSB）」と名付けられ、同年4月に組織された。そのスローガンは「You can't move history」だった（Blanyney 2015）。これは、物理的な場所を移動できないという意味だけではなく、スケートボードの歴史が失われることや若者文化の商業化と管理化への反対の意思表明あるいは抵抗を示したものであった（(一財）自治体国際化協会ロンドン事務所 2014）。まさに交換はできない価値があるということがここに示されている。

こうした保全運動のなかで、オンラインや対面などでの署名活動により約3万人の署名を集め、市役所に提出した。当時の市長もこの保全運動を支持し、そのことも存続に大きく影響を及ぼしたという。加えて、ファッションブランドのSUPREME（シュプリーム）から約750万円（5万ユーロ：1ユーロ＝

ロンドン・サウスバンク

提供：iStock

150円で換算、以下同）の寄付や、元イギリス代表のサッカー選手デイヴィッド・ベッカムら著名人からの活動に対する賛同などが寄せられた（Blanyney 2015）。

寄付の総額は約7,500万円（50万ユーロ）に上ったが、まだ改修事業に必要な額には達していなかったため、スケートブランドのデザイナーでもあるマーク・ゴンザレスやアディダスが協力し、寄付アイテムを作成、販売することで資金を調達した。こうした活動の結果、2014年9月にサウスバンクが存続されることが正式に発表された（Blanyney 2015）。

現在も、その場所では、ローカルスケーターらによってスケートボード文化がアップデートされ、蓄積されている。こうした固有のスケートボード文化のある場所は聖地の1つとなり、国内外からのスケーターも訪れる場所となっているのである。

(2) 美術館エリアのスケートスポット

欧州は、スケートボードがアートとして景観に溶け込んでいることが特徴的であると同時に先進的あるいは寛容性の高い都市がある。そうした環境は、ローカルはもとより国外のスケーターも魅了する。そのなかでも、著名な場所がスペインのバルセロナ現代美術館とフランス・パリのパレ・ド・トーキョー（ル・ドーム）であろう。これらはいずれも、公共空間で滑れるスポットであると同時に、美術館の敷地内であり、アートやスケートボードビジネスに相互影響を及ぼしている場所といえる。

バルセロナ現代美術館は、バルセロナの旧市街地に1995年に建設され、通称マクバ（MACBA）と呼ばれている場所である。同美術館入り口前のスペースがスケートボードスポットの1つになっている。バルセロナには、以前からスケートボードスポットが他にも点在していたことから、1990年代後半からスケーターや関連雑誌などで世界から注目されている都市の1つであった。

ここには、路面やレッジ、ステア（階段）などがあり、多くのスケーターが日常的に集まっている。また、マクバのスポットにある全てを使用して技を披露して競う「KING OF MACBA（キング・オブ・マクバ）」という大会が毎年開催されている。加えて、マクバライフ（MACBA LIFE）というバルセロナで起業したスケートボードのローカルブランドがあり、現在もさまざまなブランドとコラボレーションしたスケートボードシューズなどを販売している（Francisco 2017; Poissonnier 2017）。

バルセロナは文化資源を活用した観光振興による都市再生政策を世界で最初に行って再生をした街として有名になっているが、過去15年ほどで、世界有数のスケートボードシティとも称されている都市でもある。市民のニーズに応えて新たな試みを実行し、自由な遊びを受け入れる寛容性のある都市には活気や賑わいがあるといえる[2]。

バルセロナ現代美術館前でスケートボードに興じる人たち　提供：iStock

次に、パリの中心市街地に立地するパレ・ド・トーキョー／現代創造サイト（Palais de Tokyo / Site de création contemporaine）（ル・ドーム）は、国が所有する現代美術の企画・展覧・上演する文化施設である。セーヌ川に面しており、東隣には市所有のパリ市立近代美術館がある。建物自体は、1973年のパリ万博の際に建設され、さまざまな組織が使用し、2002年からパレ・ド・トーキョーの施設として運営されている。

ここは、「上映会やDJイベント、パフォーマンスなども開催され、若者で賑わっており、世界の現在進行形の表現のすべてを、造形美術、モード、デザイン、音楽、文学、映画といったジャンルを超えて体験することができる（メゾン・デ・ミュゼ・デュ・モンド）」場所である。こうしたパレ・ド・トーキョー前の大理石の広場には多くのスケーターが集まっている（Poissonnier 2017）。

公共空間でのスポットが相対的に多いパリでは、法的にスケートボードが移動手段としてではなく、ゲーム（娯楽）とみなされている。そのため、歩行者と同じ道路法規に従うことになる。信号を遵守し、横断歩道を渡るなど常識的なことである。自転車道での歩行者の歩行は禁止されているため、自転車道ではスケートボードでの滑走もできない一方で、歩道でのスケートボードは可能である（Travel Stack Exchange）。つまり、歩道ではスケーターが自分や周囲の人間の安全確保を行う必要があり、そのための常識的で責任ある行動が個人に任されているといえる。

一方で、パレ・ド・トーキョーの歴史的建造物の一部の壁にはスプレーアートが描かれているなど、疑問が残る点もある。ただ、アメリカと比較しても、スケーターがスケートボードをすることは、スポーツというより芸術性や創造性のある文化としてとらえている傾向の方が相対的に強いといえる。

芸術性を重視したこうしたライフスタイルや寛容性の高い地域性もあり、フランス・パリでは、美術館や歴史的景観のある街中という公共空間での象徴的なスポットが存在している。たとえば、パレ・ド・トーキョーの他にも、シャトレ駅、ベルシー駅、セーヌ川堤防、パリ北駅の家などの有名スケートスポットなどである（Neeson 2021）。そのため、いわゆる施設としての公共スケートパークの数は他の都市よりも相対的に少ない。

(3) スケートボードシティ

先ほどのサウスバンクもそうであったが、もともと、歴史ある場所はDIYから始まったスケートパークやスポットが多く存在しているが、スケーターにフレンドリーなスケートボードシティのポートランド市・バーンサイドスケートパークとスウェーデンのマルメ市を取り上げる。

1) アメリカ・ポートランド市・バーンサイドスケートパーク

バーンサイドスケートパークは、第2章でも少し触れたように、1993年からローカルスケーターらが高架橋下に無許可でコンクリートを流し込む形で建設され、ローカルスケーターによって進化を遂げてきたDIYの聖地といえる場所の1つである。サウスバンクと同様に、スケートボードコミュニティのイニシアティブによる「DIY」の自律性や社会性を象徴しているパークの1つであり、現在では、公式に認められた公共スケートパークになっている。

地域にもよるが、排除されることを経験することが多いスケーターにとっては、こうしたスケートボード文化が根付いた場所やそれをつくり上げてきたストーリーや歴史を感じられるスケートパークは、ここでしか味わえないものになるのだろう。ローカルスケーターがさまざまな活動のなかで生み出し、アップデートしてきたスケートボード文化であり、それが地域固有性となり、ここでしか味わえない体験を提供しているのである。実際に、同パークは、アメリカ国内においても、難易度が高いスケートパークとしても有名であり、著名スケーターのビデオ配信のロケ地や「パラノイドパーク」などの映画の題材にもなっている。スケーターにとって、一度はいつか訪れてみたいパークの1つであろう。

特筆すべきは、ポートランド市にはスケート法（Skate Law）があり、スケートボードに関する規定がある点だ[3]。同市では、中心市街地（ダウンタウン）のエリアを地理的に定義し、そのエリア内での歩道での滑走は禁止されているが、ストリート（道路）では禁止されていない。中心市街地の特定の通りは「優先スケートルート」に指定されているが、それ以外は自転車ルートになっている道を利用することをポートランド運輸局では推奨しており、今後正式に成立するとされている。ポートランドでは実質、まちの通りでスケートボードを使用する際には、自転車と同様の道路規則に従うものとされている（America Legal publishing）。

その他、16歳未満のスケーターに対する規則もあり、違反した場合は罰金などが課される。加えて、私有地でのスケートボードや棚、階段、レール、その他の都市建造物の損傷・破損についても違法とし、ポートランド警察局に

オレゴン州ポートランドのバーンサイドスケートパーク　提供：iStock

よって厳格に施行されている。公共エリアにあるレンガ造り、石畳、装飾面、ピクニック テーブル、テニス コート、噴水エリア、プランター、または彫刻の上でスケートをすることも違法であると明確に記載されている（America Legal publishing）。

スケートボードやスケーターに対する明確に規定されたこうした法律があることは、市民にとってもスケーターにとっても共存できうる環境を提供するだろう。法律があることで、社会の秩序が守られてスケーターの自由も確保されると同時に、スケーターがルールを守る（義務を追う）ことで滑れる権利を獲得する。ハードな規制ではなく、緩やかな規制あるいは認めるための規制や制度によって、市民とスケーターとが共存する社会を推進している都市といえる。

2) スウェーデン・マルメ市

スウェーデンのマルメ市は、元来、造船所を中心とした工業都市として栄えていたが、1980年代の経済のグローバル化による影響を受けて衰退した街の1つである。同市はスケートボード関連政策を実施しつつ、地域が一体となり、スケートボード環境の整備に積極的に取り組むことによって、衰退したコミュニティを再生した都市といえる。現在では、「最もスケートボードフレンドリー」な都市、あるいは「スケーターにとって最高」の都市の1つであるといわれる。それをよく表しているのが、1990年代頃から今日まで、マルメ市には、スケート大使（The skate ambassador）が配置され、自治体や市民との架け橋をスケーターが担っている点である（Matsui 2020；Lembke 2021）。また、1998年には、当時ヨーロッパ最大の屋内スケートパークとしてブリゲリート（Bryggeriet）・スケートパークが完成している。

同パークの常連だったポンタス・アルブ（Pontus Alv）[4]が当時マルメ市内にDIYのスケートスポットをつくっていたこともあり、同市で盛んだったDIYスケートボードシーンを映画化した「The Strongest of The Strange」を制作した。公開後は過激な部分もあったため賛否両論あったが、結果としては、ロサンゼルス市のベニススケートパークやポートランド市のバーンサイドと匹敵するDIYスケートボードの文化シーンのある街として聖地となり、スケーターの訪れるべき目的地の1つとなった。こうした背景より、同市では、多くの国際的な大会も行われるようになる（Nielsen 2019）。

着目すべきは、マルメ市がこうしたDIYをスケートボードの文化シーンとして認識し、「街の新しいアイデンティティ」を形成する一部として受け入れたことである。それによって、「公共スペースにセメントの棚（レッジ）が設置されたり、もともとローカルスケーターにはTBSと呼ばれて人気のあったDIYスケートボードスポットの『トレイン・バンクス（Train Banks）』を文化的ランドマークに変えたり」（Nielsen 2019）、コンテストを積極的に誘致して有名な開催地の1つにしたのである。特徴的な催しとして、市全体を会場とするスケートマルメストリートという大会がコロナ以前まで毎年開催されていた（Nielsen 2019）。

そして、2005年には、マルメ市の古い造船所のウォーターフロントに、無料の公共スケートパーク（Stapelbäddsparken skate park）も完成した。近隣は、製造業が衰退し、荒廃していたエリアでもあった。そこに、当時、欧州で最大となるコンクリートのスケートパークを設置し、新しい街へと生まれ変わらせた。この施設は人材育成にも貢献しているという（Nielsen 2019; カルチャートリップウェブサイト）。

加えて、2006年には、世界で最初のスケートボード専門の非営利高校（nonprofit high school）のブリゲリート高校（Bryggeriets Gymnasium）が開校した。同校の特徴は主に次の2点があげられる。まず、同高校からすぐにアクセスできるブリゲリート・スケートパークがあり、重要な役割を担っている（Nielsen 2019）ことである。次に、スケートボードに関連したカリキュラムが提供されている点である。他の普通科の高校と同様に、通常科目は必修であるが、スケートボードはもとより、写真や映像、アートなどの活動も含んだ教育課程が提供されている（Bryggeriets Gymnasium）。

プロスケーターになれるのは一握りであるため、スケートボードに関連するような映像、写真、大会運営、芸術、企業経営などを学ぶことも重要だと副校長のジョン・ダールクイストは述べる。その他にも、リハビリテーションや栄養学、業界についても学ぶことができ、生徒の興味・関心やニーズに応じて、随時カリキュラムが作成されている。こうしたユニークで革新的な高校には、約150名の学生が在籍している（Nielsen 2019）。同校はスウェーデン語での授業のため、ノルウェー、デンマーク、スウェーデン国内などの北欧諸国から生徒を受け入れている（Bryggeriets Gymnasium）。

マルメ市がスケートボードシティあるいは聖地になった根底には、DIYのスケートパーク建設に携わっていた一部のスケーターらがスケートボードの組織をつくり、市と協力するための土台を構築してきたことがある。1990年代から今日まで、マルメ市とスケート関連組織とは協力関係を構築し、上述のように、スケートボード環境を整備してきた。その結果、ヴァンズ・世界チャンピオンシップなどをはじめとした世界的なスケートボードの大会やイベントが開催されるようになり、その数が増えていったのである（Lembke 2021）。

また、同市ではストリートスケートが許可されており、規制なく滑走できるスポットが多く存在している。一方で、スケーターは、周囲の一般市民の人々への配慮が求められている。それは、同市が、相互理解や尊重を基盤とした良い関係性を構築するのに長期に渡って熱心に取り組んできたことが、現在のスケートボード環境を構築、提供する土台となっているためである（Lembke 2021）。

マルメ市は、スケートボード文化を基盤として、コミュニティや都市を再生させた代表的な事例である。まちづくりは一朝一夕ではできない。スケーターを含む広範な市民や自治体、地元企業などの地域一体での取り組みや積み重ねが必要であることを同市は示しているといえよう。

マルメ市スケートパークの航空写真

提供：iStock

2. 歴史的ストックとしてのスケートパーク

本章でこれまで取り上げてきた有名なスケートボードの聖地は、多くが相対的に長い歴史を持ち、そこにはその場所を勝ち得てきた物語や、あるいは市民が受け入れてきた環境があった。加えて、それらに共通していた重要な要素は、スケートボード文化を基盤として、スケートパークあるいはスケートボード空間が形成されていた点にある。

スケートパークの歴史は長くても数十年であり、他の歴史的建造物にはその長さ（歴史的価値）は及ばないし、芸術作品と比べて芸術的価値も相対的に低いといえるだろう。しかし、少なくとも、本書で取り上げたスケートパークは、それぞれの歴史やストーリー（文脈）があり、文化的価値を含む歴史的ストック[5]といえる。歴史的ストックは、歴史的な連続性が重要になる。換言すると、都市の文化が連続して継承されてきたものであり、蓄積されて、存在しているため、急には真似ができない所産である。つまり、交換ができないものである。また、この場合の継承というのは、単にそこに存在しているだけではなく、スケーターを含む市民によって利用（使用）されることによって、アップデート自体も連続性を持って継承されるものである。

第1章で紹介したフィラデルフィアのラブパークのケースにおいては、ある意味でセクションなどは移動されて継承されているが、別の場所へと移動させられており、連続性がなくなってしまったととらえられる。都市の文化としての連続性を消失してしまったのである。当時のままの同じ場所でスケートボードが許可されていたならば、本章で取り上げたような聖地になっていたであろう。

一方で、こうした歴史的ストックが存在するところでは、周辺で新たな観光開発が行われて地価が高騰したり、資本に取り込まれる傾向があり、その過程で、文化的ストックが破壊されることがある。特に自然と同様に、歴史的ストックは不可逆性の性質を持つことから、復元は困難であり、絶対的損失をもたらす。そうした際に、それを回避できるのは、ベニススケートパークやサウスバンクなどの事例がそうであったように、その場所で、スケートボード文化を歴史的ストックや文化ストックとして、継承・アップデート・振興しているスケーターを含む広範な市民の意思や行動である。加えて、都市計画を担う自治体のあり方や認識である。

残念ながら、フィラデルフィアのケースでは、市民やそれを建築した建築家も反対の意思を表明したが、結果としては、スケーターはその場所から排除された。おそらく、自治体はスケートボード自体を都市文化の一部とはみなしていなかったのだろう。もし、これが伝統文化や歴史的なものに関わる何かであれば、結果は違ったかもしれない。つまり、スケーターを含む市民だけではなく、自治体や地元企業も、スケートボード文化が都市文化の一部であることを認識しておくことが求められている。

本章で取り上げてきたスケートパークは、スケーターやそれに協力した市民たちが民主主義的なプロセスを経て、その場所を獲得し、今でも利用（使用)、創造、アップデートして継承されている場所として賑わいを創出しつつ、歴史的ストックとしても価値を持つ場所となっていた。そうした場所は、固有性があり、ローカルスケーターだけではなく、域外からも訪れたい聖地の1つになり得ているのである。

3. 今後の方向性

論じてきたように、今後、新しく建設されたスケートパークがローカルや域外の人々で賑わう、魅力的な場所になるためには、まず、ローカルスケーターや市民にとって使用価値のある場所になることが前提とされる。したがって、都市政策や都市計画として実施する場合は、ローカルスケーターを含む住民の実質的な参加プロセスが必要である。実質的な参加というのは、単なる意見聴取やご意見番ではなく、デザインや計画内容などに具体的なニーズを反映させるための参加である。

2014年開園の都市部に立地する4,500㎡の広大な敷地にある人気の高いデンマークのストリートドームの例をあげよう。オープンな遊び場と人々の交流の場として、スケートボードの他に、バスケットボールやボルダークライミングなどさまざまな施設が併設され、幅広い年代、技術レベル、文化に対して開かれた無料で誰でも利用できる場所として、「全ての家族のためのストリートスポーツのメッカ（THE STEET DOME）」になっている。特に、スケートボードの空間は、スケートボードをすることとスケートボード文化に適応するように設計されているという（THE STEET DOME）。

同施設の計画には、完成する10年ほど前から、地元活動家、スケートシティ協会長、アクティビティやレクリエーションのための広大なエリアを組み込んだ新しい文化的ハブをつくることをビジョンに掲げていたモーテン・ハンセンによってイニシアティブが取られ、進められてきた。加えて、設計者も、計画段階において、将来的に利用者となる多様なグループとの包括的な話し合いの結果を設計・デザインに落とし込んでいる。こうしたプロセスは、計画初期の段階からの重要な要素であり、最終的な設計・デザインにおいても、その要素は明確に残されていたという（Urban Next）。

具体的に、それは同スケートパークでの滑走において、時間をかけて利用者の技術と想像力（イマジネーション）を高められる、そして、無限に利用者に肉体的および創造的な挑戦ができるようなデザインになっている点に表れている。全ての設備がさまざまな動きに適応できるものに設計され、スケーターは、新たな流れやリズム、組み合わせを何度も繰り返し探究することができるようになっているという。また、屋内のスケートドームでは、スケートボード、バスケットボールやボルダリングなど他の多様なスポーツが利用可能な仕様になっている（Urban Next）。

こうしたプロセスを経て完成したスケートパークにはそれぞれの市民や利用者にとって使用価値があるため、結果として人が訪れるようになる。そこでは、文化活動としてのスケートボードやそれを介した文化交流から新たな文化的価値が生まれる。スケートボード文化が創造・アップデートされ蓄積することで、地域固有の文化となるのである。そして、それは、先述の通り、一朝一夕にはできない。スケートパークが聖地や観光の目的地（ディスティネーション）となる際には、まず、スケートボード文化を基盤としたスケートパークの形成が必要である。そして、そこで生み出される文化的価値がスケートボード文化を醸成することで、文化的ストックとなり、歴史的ストックにもなりえる。

したがって、スケートボード文化を基盤とせず、施設機能や短期的な経済効果のみを重視したスケートパークになれば、他の都市と同様、新しい施設と競争せざるを得なくなるだろう。こうした施設には地域固有性が希薄となる傾向があるため、長期的な観光には結びつきにくく、短期的には集客や雇用創出などの経済効果が見込めるかもしれないが、長期的な視野においては老朽化していく施設の新たな設備投資や維持費が継続的にかかることになる。それゆえに、スケートボード文化を基盤としたスケートパークを形成していくことが都市再生や維持可能な発展には重要なのである。

【注】

1　SEC. 56.15.1. USE OF SKATEBOARDS.

2　観光によるオーバーツーリズムという重大な問題を抱えているが、それに対しても、市民のニーズに応えて、いち早くホテルの開発規制を行ったのもバルセロナであった。

3　アメリカは連邦政府であるため、自治体それぞれが異なる法規を持つ。

4　スケートボードチームのMAD CIRCLE（マッド・サークル）で活躍したスケーターでもあり、スケートボード企業のポーラースケート（POLAR SKATE CO.）を運営している人物である。その後も、アルブは、「In Search of the Miraculous」を制作・公開し、2010年にロサンゼルスで開催されたスケートボード・フィルム・フェスティバルで、サウンドトラック賞、ベスト・フォキュメンタリー賞、最優秀監督賞を受賞した。ハリウッドで公開され、現在もスケーターらのアーティスティックな映像をつくり続けている。また、自身のスケートボードブランドもスケーターから支持され、スウェーデンや北欧のスケートボード界を牽引する1人といえよう。

5　歴史的ストックとは、街並みや歴史のなかでつくられた人工的な物や、工芸品などの消費物質も含む物である。経済学において、消費物質はフローととらえられるが、この場合は歴史のなかで継承されているものを歴史的ストックととらえる（宮本 1995, p.18）。

【参考資料】

一般財団法人自治体国際化協会ロンドン事務所「(一財) 自治体国際化協会ロンドン事務所マンスリートピック：【地域の価値ある資産を住民が守る制度「地域コミュニティの入札の権利」～スケートボード場やパブなど既に多数の利用例】」(2014年12月)
https://www.jlgc.org.uk/jp/wp-content/uploads/2014/12/uk_dec_2014_012.pdf（2023年5月14日参照）

及川順 (2021年11月19日)「スケボーが習い事の定番に"聖地"で見えたその魅力」NHK News Web特集
https://www3.nhk.or.jp/news/html/20211119/k10013353741000.html（2022年12月11日参照）

清水麻帆（2022)『「まち裏」文化めぐり［東京下町編]』彩流社

トリップアドバイザー「ベニススケートパーク」
https://www.tripadvisor.jp/Attraction_Review-g32655-d8399455-Reviews-Venice_Skatepark-Los_Angeles_California.html（2023年5月14日参照）

宮本憲一（1995)『都市をどう生きるか―アメニティへの招待』小学館

メゾン・デ・ミュゼ・デュ・モンド「パレード・トーキョー」
https://artscape.jp/mmm/contents/c_00135.html（2023年3月30日参照）

ロサンゼルス市リクリエーション・公園課「ベニスビーチスケートパーク」
https://www.laparks.org/skatepark/venice-skate（2023年5月14日参照）

America Legal publishing
https://codelibrary.amlegal.com/codes/los_angeles/（2023年5月14日参照）

Blanyney, Steffan (2015) *Long Live Southbank*, Heni Publishing.

Borden, Iain, (2019) *Skateboarding and the city*, Bloomsbury Visual Arts.

Bryggeriets Gymnasium https://bryggerietsgymnasium.se/in-english/（2023年4月2日参照）

Butz, Konstantin and Peters, Cristian (2018) *Skateboarding Studies*, Koening Books.

Francisco, Gaston（2017年4月17日）「世界最高のスケートシティ ベスト10！」レッド・ブルウェブサイト
https://www.redbull.com/jp-ja/top-10-skateboard-cities（2023年3月30日参照）

Lembke, Judi（2021年2月3日）“An Introduction to the Skateboarding Culture in Malmö, Sweden,”カルチャー・トリップ
https://theculturetrip.com/europe/sweden/articles/an-introduction-to-the-skateboarding-culture-in-malmo-sweden（2023年4月2日参照）
Matsui, Hiroki（2020年7月8日）「今注目の北欧シーンが誇る大型新人：カール・バーグリンド」レッド・ブル
https://www.redbull.com/jp-ja/about-karl-berglind（2023年4月2日参照）
Neeson, Niall（2021年8月12日）「【Red Bull Paris Conquest】パリのスケートボードカルチャーを祝うイベントが開催！」
https://www.redbull.com/jp-ja/paris-conquest-skate-event（2023年3月30日参照）
Nielsen, Duncan（2019年8月19日）“The World's First High School Built Around a Skate Park Is in Malmö, Sweden,”（2023年4月2日参照）, dwell.com.
https://www.dwell.com/article/bryggeriets-gymnasium-skateboard-high-school-malmo-sweden-793a3d93（2023年4月2日参照）
Nieratko, Chris（2016年8月30日）“The 20-Year Fight to Build a Skatepark in Venice,” Vice
https://www.vice.com/en/article/8gexpx/venice-skatepark-jesse-martinez（2023年4月2日参照）
Odanaka, Barbara（2019年6月7日）“A guide to L.A.'s best skate parks,” *Los Angeles Times*
https://www.latimes.com/health/la-he-outdoors-la-skateboarding-parks-20190607-story.html（2023年5月14日参照）
Poissonnier, Greg（2017年11月27日）「一度は訪れたいグローバルスケートスポット ベスト9」レッド・ブル・ウェブサイト
https://www.redbull.com/jp-ja/worlds-greatest-skate-spots（2023年3月30日参照）
Stecyk, Craig R and Friedman, Glen E（2002）*Dog Town: The Legend of the Z-Boy*s, Burning Flags Press.
THE STREET DOME
https://www.streetdome.com/en/about-us（2023年3月4日参照）
Travel Stack Exchange “Can I roller skate on the street in France?”
https://travel.stackexchange.com/questions/48008/can-i-roller-skate-on-the-street-in-france（2023年3月30日参照）
Urban Next　https://urbannext.net/street-dome/（2023年3月4日参照）
Urry, John（1990）*The Tourist Gaze: Leisure and Travel in Contemporary Societies*, Sage＝加太邦宏訳『観光のまなざし—現代社会におけるレジャーと旅行』（1995）法政大学出版局

第4章 文化資本としてのスケートパーク

本章では、スケートパークの経済的価値と文化的価値を考察し、スケートパークが文化資本となり得るのかについて検討する。

1. スケートパークの経済的価値

(1) 私的財

スケートパークは、スケートボードができる環境（サービス）を提供し、個人はそれを経験や体験することに価値を見出して消費する。直接個人によって消費され、入場料や利用料がある場合は、その総価値（入場料の合計）と入場者の消費者余剰[1]を合わせたものが経済的価値となる。入場料が無料の場合は、消費者余剰だけで測られることになる。

加えて、パーク内にスケートボード一式のレンタルショップやスケートボードショップ、カフェなどの飲食店などが併設されている場所では、そこで消費された分はスケートパークの付加価値の一部となる。

他にも、スケートパークでは、無料の公園などのパークでも、子どもたちなどへのスクールを開催するなど他のサービスが提供されている。その参加料や消費者余剰も同様に、経済活動の価値の一部を形成している。この場合、個人的便益だけではなく、公共的な便益も生み出すものとしてもとらえられる。

(2) 公共財

文化経済学者のデイヴィッド・スロスビーが美術館で分析した際に指摘している（Throsby 2001）のと同様に、スケートパークも、存在していることにより生じるコミュニティや社会の便益があるといえる。一方で、スケートパークの場合は、適切な場所に設置しなければ、騒音などの負の外部性や負の影響を生み出すことになるため、この点は留意が必要だろう。正の便益は次の通りである。

・文化的アイデンティティやその地域の固有性を示すことに役立つ。
・パークがあることによって、プロ・アマ問わず、スケーターの創造性的な技などを生み出したり、鍛錬や忍耐などを学習することを促す。
・パークを訪れるというオプションである。これは、自分や他の人、あらゆる人にとって、現在は利用しないが、将来利用するかもしれない個人の便益を損なわないために選択肢を残しておく。
・あるスケートパークで輩出された著名な選手がいるとするならば、そこは将来世代に語り継がれる遺産としての価値があり、その価値を人々に認識させたり、地域に対する誇りを持たせることにつながる。
・公式・非公式のスクール開講は教育サービスととらえられ、広範なコミュニティや都市の便益を生み出す。
・さまざまな人との交流やつながりを生み出す。
・スケートパーク自体の存在によって生み出される便益がある。そこを利用することに関係なく、文化的な雰囲気や都市やコミュニティの景観の一部として、そこにあることで得られる満足がある（逆に負の影響や外部性を生み出す場合もある）。
・社会の便益として、健康増進という便益を生み出す。肥満や糖尿病が多い現代社会において、運動やスポーツ振興の手段の1つとしてのスケートボードが機能する。健康増進は、長期的な視点からも、結果的に医療費や保険料などの社会的コストの一部を軽減することにもつながる。

(3) 外部性

外部性とは、直接的なものではなく、副次的に生み出された効果あるいは問題である。たとえば、文化施設が地域に建設され、意図せず副次的に雇用や所得が創出されたり、住んでいる人が地域外の人に対して、文化施設が存在することによって誇りを持てるかもしれないといった効果が意図をせずに創出されることである。これを正の外部性と呼び、負の外部性とは公害や騒音などがそれに当たる。

スケートパークが存在することによる便益であれば、都市文化や若者文化の一部を形成し、それが文化的な街としての魅力やブランドになりえる。結果として、活気や賑わいが創出され、再生されることも外部性の1つとしてあげられる。具体的には、スケートパークが存在することによって、意図しない雇用や所得が生まれることもある。

たとえば、スケートボードに関連する地域企業やショップ、あるいはカフェやレストランなどが周辺に立地するようになるなどの地域経済へも建設的な影響を及ぼすかもしれない。実際に、スケーターは、グローバルなブランド品よりもスケートボードに関連するローカルブランドを好む傾向があり、ロサンゼルスやバルセロナ、マルメなど聖地を有する都市あるいはエリア周辺には人気ローカルブランドが存在している。

2. スケートパークの文化的価値

(1) 文化的価値とは

文化活動のなかで生まれる新たな価値が文化的価値である。スロスビーは、文化的価値の構成要素を、美（学）的価値、歴史的価値、精神的価値、社会的価値、真正的価値、象徴的価値であるとし（Throsby 2001; 中谷・後藤訳 2002, pp.52-60）、経済学者の山田浩之は、これに、文脈的価値、学術的価値、愛着価値、教育的価値の4つを加えて文化的価値としている（山田2016, pp.12-14）。

美（学）的価値：美しさの価値

歴史的価値：過去との連帯感、歴史とのつながり

精神的価値：文化的集団のアイデンティティとの関係性を示す価値であり、この価値によって、理解や啓蒙という効果がある。

社会的価値：他者との連帯感、地域とのつながり、社会の本質を教える価値
真正的価値：オリジナルで、コピーではない本物である価値
象徴的価値：文化的意味を伝える媒体としての価値
文脈的価値：ものや場所などが関係する歴史や場所から生ずる価値
学術的価値：学術研究によって得られる新たな発見などの価値
愛着価値：ある社会集団によってその存在が愛着を持たれていることから生ずる価値
教育的価値：何らかの活動やその産物が教育的効果を持つことの価値

文化的価値の要素は、スロスビーが主に芸術作品や美術館、山田は日本伝統文化である祭礼を対象として分析している。また、山田は、文化的価値は多様で、1つの文化的財が複数の文化的価値を持つ場合もあると同時に、集団や時代によって価値は変化するため、定量的な分析は極めて困難であり、定性的にとらえられるものであると述べている。

ここでは、美術館や伝統文化のようにすでに一般に評価されている文化もしくは文化的財を対象としているのではないため、これらすべての価値に当てはまらない場合もあるだろうし、時代によっては文化的価値の構成要素も異なっているといえる。加えて、それぞれのスケートパークによっても有する文化的価値は異なる。そうした点も踏まえつつ、以下では、近年のスケートパークの文化的価値について定性的かつ総体的にとらえる。

(2) 多様な価値形成

1) 芸術作品としてのスケートパークとスケートボードの技・表現

スケートパークの場合、まず、パーク自体の美的価値として、デザインや機能、パーク内に設置されているバンクやセクション、プールなどの設備も文化的価値に貢献する。建築的にも、スケーターの身体的な動作（運動）的にも、美しい形状を持つ美的価値を創造するスケートパークは、専門家や経験

者（スケーター）にとって美的価値が見出せる。

そして、スケーターの芸術性や創造性が身体的な動きと組み合わさって、技やパフォーマンスとして表現される。ジョコ・ウェイランドによると、新たな芸術性の高い技が生み出されるのは、「美学と運動機能主義を組み合わせたスケートパークのデザインに依拠しており、これらの組み合わせの良いデザインのものは、あるレベルにおいては、彫刻よりも優れている」という（Weyland 2002, p.318）。

美術館のように芸術作品として保有することは不可能であるが、技は無形文化として、競技大会やコンテストはもとより、スケートパーク内でも新たな技が生み出され、新しさや美しさ・芸術性、難易度などによって評価される。そうしたもので判断される技は美的価値といえるだろう。

芸術作品がつくられ、完成する過程と同様に、スケートボードの技を成功（メイク）させたり、新たな技を見出したりする過程において、想像力や創造性を発揮し、それを表現したものが技であり、身体的な表現あるいは芸術とみなすことができる。実際に、サンフランシスコ市のヤーバ・ブエナ芸術センターでは、館内の展示ブースにクォーターランプを設置し、そこでスケーターがスケートボードに興じている様子を芸術作品とする企画展を20年以上前に開催していた。

また、技の芸術性は、スケートパークでの遊び場でも競技大会でも歴史的な基準になる。他人と異なる新たな技が評価されることからも、競技としての歴史は他の文化と比べて浅いといえるが、こうした蓄積によって評価されている。過去とのつながりという観点から、歴史的価値あるいは歴史的ストックの一過程とも、とらえられるだろう。こうして生まれた新たな技の美しさは美的価値や歴史的価値であるといえる。また、新たな技という意味において、オリジナルであり、真正的価値も含まれるだろう。

2) 歴史的遺産としてのスケートパーク

スケートパークが文化を生み出し、アップデートし、蓄積している機能は、過去との連帯感や歴史とのつながりを含む歴史的遺産でもあり、歴史的価値の創出に貢献する。

実際に、世界のスケートパークには、歴史的な文脈や物語がある、今も聖地となっているようなスケートパークが存在している。それらの一部は第3章でも取り上げているが、たとえば、ロンドンのサウスバンク、マルメ、ベニススケートパークなどである。加えて、イギリスやアメリカには、公式に歴史的価値が評価され、国指定の歴史的遺産に登録されているスケートパークもある。

イギリスのロム・スケートパーク（Rom Skatepark）は、2014年に歴史的遺産（Historical Heritage）の第2級（grade II）として登録されている。欧州初の登録であり、世界においては、2013年10月に国家歴史登録財に登録されたアメリカ・フロリダ州タンパのブロ・ボウル（Bro Bowl）に次いで2番目であった。イギリスのサセックスのロム川沿いにある8,000㎡の同スケートパークは、1970年代と同様、現在も人気が高い（Brown 2014）。

歴史的遺産の登録をする部署のディレクターであるロジャー・ボウドラーは、「イギリスにおける若者文化の最も素晴らしい事例であり、特別な関心がこの登録を通じて次世代のために保護されることを嬉しく思う」とし、スポーツ史家のサイモン・イングリスも「スケートパークはイギリスの生活における都市の物語の一部であると同時に、ストリートカルチャーは、公立学校でのスポーツと同等に考慮すべきものであると思う」と述べている（Brown 2014）。

このように、スケートパークの一部は、歴史的な価値を生み出すことに貢献する。

3) スケートパークの存在

スケートパークの存在は、教育学習、インクルーシブな社会の形成、アイデンティティの確立、キャリア形成、地域固有の文化の創造に貢献する価値を持つ。

・教育学習（学習財）

まず、文化全般にいえることであるが、文化は、学習財（study goods）としての性質を有している。文化をアップデートし、継承、醸成していくためには、それを理解し、享受する修練が必要となるためである。

たとえば、アートなども鑑賞を楽しむためにある程度の知識やそれを見る目を養うことが求められる。そのためには多くのアートに触れ、文化的な意識を育成することが求められ、そのための共同学習の機会や場が必要とされる。それが文化施設や学校、インフォーマルな活動場所などになるのだろう。

スケートボードも同様に、新たな技に挑戦し習得するために修練している。アート鑑賞などよりも顕著にそうした行動または活動が見られるのがスケートボードの特徴だろう。個人で映像から技を学び、スケートパークで練習をしたり、あるときは他者から直接教わることで、技だけではなく、マナーやルールなどを含めたスケートボード文化全般も自然と学習できる場になっている。

実際に、NHKの報道番組でも「スケートボードは失敗を学ぶスポーツ」として取り上げられている。同番組によると、アメリカ・ロサンゼルスでは子どもにスケートボードのスクールに通わせる親が相対的に多く、その理由は、スケートボードが失敗を繰り返しながら、達成する過程を学ぶことができるためだと答えていた。

注目すべきは、誰もやっていない新たな技を自分で生み出し、練習し、完成することがスケートボードの醍醐味でもあるという点だ。失敗を恐れず挑戦する意識や価値観を養い、目標に向けて努力することが重要かつ必要であることを学習する場である。同時に、スケートボードコミュニティやスケートボードという文化活動を通してマナーやルールを自然に学ぶことは、社会問題となっているスケートボードの迷惑行為などの問題の解決の糸口あるいは一歩にもなろう。

したがって、スケートパークは、教育的価値や社会的価値を生み出すことに貢献する。

・多様でインクルーシブな社会の形成

2021年に開催された東京2020オリンピックのスケートボード競技会場において、試合後、他者を称え合い、励まし合っている姿がメディアを通じて象徴的に報道されていたが、ここにも、スケートボードが内包する文化的価値が関係している。スケーターらによると、技をメイクする（成功させる）ために、どれだけ努力したか、それがどれほど難しいことであるかを、スケートボードを実際にしている人たちは十分に理解している。そのため、年齢、性別、国籍や人種も関係なく、称え、尊敬ができるという。

つまり、多様性や寛容性あるいはジェンダーインクルージョンあるいはソーシャルインクルージョンの意識が自然と身につく、あるいはそうした文化を有しているということだ。同じスケートボードという文化基盤あるいは文化活動を基盤としており、スケートボードを通じた緩やかなコミュニティを形成しているため、共通の認識がどの世代にも継承されているのである。そうした文化が基盤となっている空間にいることで、コミュニティの一員として、文化を学び、多様で寛容な文化を受け入れることを重視するようになる。

一方で、元来、スケートボードは男性コミュニティあるいは男性優位なコミュニティが多かったため、社会学などの学術分野でもその点について批判的に論じられることもある。近年では、以前よりも子どもたちやガールズスケーター、年配のスケーターが増えており、男性コミュニティであるという状況も改善されつつある。近年の女性スケーター人口は全体の約30％を占めているといわれており、スノーボードやサーフィンと同等に近づいているという。

多様で広範な人たちがスケートボードを楽しむようになった背景には、公共スケートパークだけではなく、非営利団体や私営のスケートパークが貢献している。それは、子どもたちやガールズスケーター、あるいは家族を対象としたスクールやプログラムなどを頻繁に開催していることや、運営や安全性などの確保が管理面などから相対的に容易に可能であることが理由としてあげられる。また、第2章でも触れたように、近年は都市景観に溶け込む、インクルーシブなスケートパークになるようなデザインが主流となってきたことも、少なからず影響を及ぼしている[2]。

スケートパークは、社会の本質を教える社会的価値の創出に貢献する。

・アイデンティティの確立

スケートパークの存在は、アイデンティティの確立にも貢献する。特に居場所のない子どもや老若男女にとって、スケートパークがコミュニティの拠点となることは、多様性を生み出すと同時に、彼らにとって地域や人とのつながりも感じられるようになるだろう。オルデンバーグのいうサードプレイスとなりえる。近年のスケートパークの傾向ともいえるインクルーシブな空間のスケートパークであれば、子どもや女性あるいは年配の人でも参加しやすく、コミュニティの一員として、あるいはスケートボードコミュニティの一員としてのアイデンティティの確立に寄与する。

また、都市空間の特定のエリアやスケートパークに帰属するスケートボードコミュニティという文化的集団のアイデンティティから生まれた精神的な価値は、共通の認識や理解の促進および啓蒙の効果があるため、地域における騒音などの迷惑行為などの地域問題を緩和・解消することにもつながる。したがって、社会的価値や精神的価値を生み出すことに貢献する。

スケーターによって建設された自作（DIY）のスケートパークの場合は、スケーターが時間と労力、資金を費やし、協力し合って完成するプロセスを有し、完成した場所や設備を共同所有することがほとんどである。そのため、こうしたケースにおいては連帯や責任といった社会性や社会もしくはスケーター仲間とのつながりという社会的価値や精神的価値、あるいは愛着価値を生み出すこと、加えて、自作という面から、地域固有性（固有価値）の創出にも貢献する。

・キャリア形成

社会における若者のキャリア形成に貢献する価値である。欧米では随分以前からプロスケーターが多く存在していたが、日本人においても近年、多くのトップクラスの若手プロスケーターが輩出されるようになっている。たとえば、東京2020オリンピックの金メダリストであるスケートボード女子パークの四十住さくらやスケートボード女子ストリートの西矢椛は、国内大会の前になると会場となっていた京都のパークに通っていたという（京都市スケートボードパーク協会）。

スケートパークの存在は、子どもの成長過程やキャリア形成という過程においても、社会全体においても、社会的価値や教育的価値の創出に貢献する。

・地域固有のスケートボード文化の形成と蓄積

スケートパークが都市文化の一部であるとするならば、それは他の文化と同様に、地域固有性という性質を持つ。地域固有性とは、土着の歴史的ストックであると同時に地域的な独自性を持つものであり、そこに出かけていかなければ享受できないものである（宮本 1995）。換言すると、土地に根ざしているものであり、風景や景観もそれにあたる。たとえば、オペラの劇場はイタリア各都市に存在し、普遍性があるともとらえられるが、それぞれの都市によってその風格は異なる。なぜ異なるかといえば、主にローカル（土地）の人々が利用し、演じていることで、地域特有の文化として醸成していることが理由としてあげられている。

スケートパークにも同様なことがいえる。スケートパークは一見して、スケーターではない人にとってはどこも同じような仕様に見える傾向があるが、実際はそれぞれで固有性のある存在になっている。背景として、都市やコミュニティのスケーターがその地域の設計に関わっているパークも少なくなく、利用者もほとんどが近隣コミュニティの人たちであることがあげられるだろう。スケーターやコミュニティの人々が必要とし、利用することによって、そのスケートパークの雰囲気や環境が固有の文化として醸成される。

つまり、スケートパークの存在が、コミュニティの精神的価値や社会的価値、象徴的価値、愛着価値などの文化的価値を生み出すことに貢献する。

また、地域の人々が計画に参加して設置されたスケートパークは、その規模に関係なく、都市やコミュニティ特有のものとなり、スケートボード文化の一部を醸成する。特に、スケートパーク形成過程において、歴史的な物語を持つ場所になると、有名になるところもあり、域内外からスケーターが訪れる場所になる。この場合、歴史から生ずる歴史的価値や文脈的な価値を生み出すことや継承することにも貢献する。

スケートパークにおける多様な文化的価値の形成が地域固有性という特性になる。そうしたスケートパークを目指し、それらを体験するために、世界中からスケーターが訪れるような有名なスケートパークもあり、観光などに結びつくのである。

3. 文化的価値と経済的価値との相互関係

これまで考察してきた文化的価値と経済的価値との相互関係について、スロスビーが言及していたものを、山田が次の3つに分類・整理している（山田 2016, pp.12-13)。これらをスケートボードに適用し、主な相互関係性を以下で検討する。

1）文化的価値そのものが経済的価値をもたらす
2）文化的価値がその財に付加価値を与え経済的価値を高める
3）文化的価値はあるが経済的価値が生じない

スケートパークにおいて、まず「1）文化的価値そのものが経済的価値をもたらす」場合は2種類ある。1つは、私的組織・企業がスケートパークを設置し、市場価格で入場料を取り、その収入によって、費用（コスト）を回収できるものであり、もう1つは、自治体などが設置したスケートパークなどで、運営に赤字が出るため、補助金やスポンサー、寄付などが必要なものである。

前者については、第2章でも説明したように、アメリカ国内でスケートパークの人気が高かった時代に多くの私的企業がパークを建設し、その運営に参入していた。背景には、パークからの利潤（経済的価値）が生み出されていたことがあげられる。また、初心者や子どもたちのスクールなどの実施から得られる参加費や入場料もおおよそその経済的価値（収入）で費用を回収することができるだろう。そのため、スクール参加費が無料の場合は、これに当てはまらない。

次に、「2）文化的価値がその財に付加価値を与え経済的価値を高める」場合については、ファッションなどの分野で考えるとわかりやすい。洋服やバッグなどのデザインやブランドなどの美的価値が付加価値として加わり、その合計が経済的価値となる。スケートパークの場合であれば、メダリストを排出した、もしくは著名スケーターが訪れたパークといった付加価値によって、スケートパークの価値形成に貢献し、それが経済的価値（収入）を高めるだろう。また、場所のストーリー性やセクションなどの設備などの建築的な美的価値も同様なことがいえる。

そして、「3）文化的価値はあるが経済的価値が生じない」場合は、市場での評価が困難な（市場評価を期待していない）財・サービスである（山田2016, p.13）。公共空間として、自治体が管理する無料で利用できるスケートパークは共同財（コモンズ）として、あるコミュニティや文化集団によって生産・消費され、上述の文化的価値を持つものである。第1章で説明した通り、スケーターが個人で技や技術を自己生産することを楽しむ場合や個人で映像を撮る場合などは自己消費となり、文化的価値は生じるが経済的価値は生じない。ただ、コンテストなどで優勝したり、ユーチューブで有名になると、スポンサーなどがついて、経済的価値をもたらすこともある。

4. 都市の文化資本

これまで考察してきたように、スケートパークは経済的価値や文化的価値を創出して有するものである。そうであるならば、スケートパークは、美術館などと同様に、都市の文化資本の1つとしてとらえられる。この場合の文化資本は、社会学者のピエール・ブルデューが定義する文化資本とは異なる。

スロスビーと山田によると、文化資本とは「文化的価値を具体化し、蓄積し、供給する資産（山田2016, p.12; Throsby 2001; 中谷・後藤訳 2002, pp.81-82)」である。また、文化資本には、有形と無形があり、有形は芸術作品や建築物や土地などの形あるもので、無形は「集団によって共通されている観念や習慣、信念や価値といった知的資本」であると定義している（山田pp.15-17; Throsby 2001; 中谷・後藤訳 2002, pp.81-85)。

これをスケートパークに適用してみると、スケートパークの文化資本は、パーク自体やセクションなどの設備がそれに当たるだろう。加えて、スケートパークのデザインや管理・運営にはスケートボードの専門的な知識が必要となる。こうした知識も先述のとおり知的資本とみなすことができよう。

日本の場合では、管理運営が、自治体から地域のスケートボード協会や非営利スケートボード団体であったり、指定管理者のスポーツ関連企業であったりすることが多く、それらによる知識やノウハウがそれぞれのスケートパークで蓄積され、世代が交代する際には伝承されることになる。自治会など地域コミュニティの組織などを含めた非営利組織などもこれらと共に協力し、支援している場合もある。

また、イベントやスクール、大会を開催するプロセスにおいても、上述の組織の人々は、その準備段階においても知識や経験を活用し、スムーズに関連各所や自治体と連携し、信頼関係を構築している。こうしたことが蓄積され、知的資本もアップデートされていく。山田は、これに関し、文化資本でもある一方で、社会関係資本（ソーシャル・キャピタル）でもあると指摘している。スケートパークに関わる労働は、ここで述べたように、コミュニティやスケートボードを管理・運営するスケートボードに関連する組織がボランティアで行っている場合や自治体からの補助が出る場合、クラウドファンディングなどを行う場合などがある。

加えて、スケートパーク自体が有名になると、利用者が増えて、観光地のようになるケースもある。そうなると、観光産業や飲食などのサービス産業に建設的な影響を及ぼすようになるだろう。同様に、スケートボードやファッションなどをはじめとしたローカルのスケートボード関連産業の売り上げなどにも波及効果があるかもしれない。一方で、イベントなどの開催においては、交通整備や清掃などさまざまな社会的費用を支払って、行政サービスを行う必要がある場合も出てくる。

特筆すべきは、スケートパークが準公共財という性質を有している点である。準公共財とは、公共性があり、非排除性を持つと同時に、社会経済的な効果や上述のような正の外部性をもたらす特性を持つものである。文化施設やアート（プロジェクト）事業などが自治体や国によって財政的な支援を受けられるのは、事業として市場では採算が取れないが、公共性がある場合、こうした論拠のもとで財政的な支援がなされているためである。

スケートパークの場合も、先述のように、都市空間において社会全体に公共的な利益ももたらすものである。加えて、小規模のスケートパークは公共の公園などに設置される場合が特に日本では多く、すでに公共空間として機能していることからも、スケートパークの一部は準公共財として存在している。

スケートパークは、規模の違いもあり、役割や効果はそれぞれ異なるであろうが、適切な場所に設置することで、文化資本としてさまざまな効果を創出する潜在的可能性を有するものである。同時に、都市空間でスケートボードという文化活動を自由に行える場であり、そのことが、スケートボード文化や新たな文化的価値を創造している。それが蓄積され、都市文化の一部となることで、都市の魅力を高めることにつなげられるのだろう。

【注】

1　消費者余剰とは、人が得した、満足したと思ったものを数値化したものである。

2　2000年以降は、女性のスケーターを支援する組織や団体も現れていることも少なからず影響を及ぼしているだろう。たとえば、USガールズ・スケート・ネットワーク（US Girls Skate Network,2003）、スケートボード・マムズ（Skateboard Moms,2004）、アクション・スポーツ同盟（Action Sports Alliance,2005）、ガールズ・オーガニゼーション（Girls Organization,2006）などである。

【参考資料】

及川順（2021年11月19日）「スケボーが習い事の定番に"聖地"で見えたその魅力」NHK News Web特集
https://www3.nhk.or.jp/news/html/20211119/k10013353741000.html（2021年12月1日参）

山田浩之編著（2016）『都市祭礼文化の継承と変容を考える―ソーシャル・キャピタルと文化資本』ミネルヴァ書房

Borden, Iain（2019）*Skateboarding and the City: a complete history*, Bloomsbury Visual Arts.

Brown, Mark（2014年10月29日）"The Rom, Hornchurch, becomes first skatepark in Europe to get listed status,"*The Guardian*,
https://www.theguardian.com/culture/2014/oct/29/the-rom-hornchurch-first-skatepark-europe-listed-status（2023年3月20日参照）

Butz, Konstantin and Peters, Cristian（2018）*Skateboarding Studies*, Koening Books.

Oldenburg, Ray（1991）*The Great Good Place*, Marlowe & Company=『サードプレイス』忠平美幸訳（2013）みすず書房

Shannon, Charlene S and Werner, Tala L（2008）"The opening of a Municipal Skate Park," *Journal of Park Recreation Administration*, vol.26, no.3, pp.39-58.

Throsby, David（2001）*Economics and Culture* Cambridge University Press=『文化経済学入門』中谷武雄・後藤和子監訳（2002）日本経済新聞社

Throsby, David（2010）*Economics of Cultural Policy*, Cambridge University Press＝『文化政策の経済学』後藤和子・坂本崇監訳（2014）ミネルヴァ書房

Weyland, Jokco（2002）*Answer is never: A Skateboarder's History of the World*, Grove Press.

第5章 日本のスケートボードを取り巻く現状と今後の都市政策

提供：ナイキジャパン

1. スケートボードの現状

日本のスケートボード人口は約400万人[1]に上り、そのうち競技人口は2,000人と推定されている（西川2020）。また、公共スケートパークの数は、2017年に100だったのが、2021年に243、2022年に340、2023年（6月時点）には434まで増加している（日本スケートパーク協会）。

エリアごとにみると、北海道・東北エリアが、10から61へと約6年間で6倍に増加した。同様に、関東エリア（茨城・栃木・群馬・埼玉・千葉・神奈川・東京）は、2017年の23だったものが2023年には116になり、約5倍に増加した（図表5-1参照）。他のエリアも同様に、北陸・甲信越・東海エリアは4.9倍、近畿エリアが3.8倍、中国エリアは3倍、四国エリアも3倍、九州・沖縄エリアでは3.6倍に増加している。人口の割合でいえば、東京は他の地域と比べて相対的に少ないが、オリンピック以後、スケートパークが急増していることが示されている。

その背景には、次のようなスケートボードを取り巻く環境の変化が主にあげられる。東京2020オリンピックで初めてスケートボードが正式な競技種目

図表5-1 全国のスケートパーク数の推移

年/エリア	2017	2021	2022	2023
北海道・東北	10	26	50	61
関東	23	67	90	116
北陸・甲信越・東海	18	49	65	88
近畿	13	28	35	49
中国	12	22	29	37
四国	7	16	21	22
九州・沖縄	17	35	50	61
全国	100	243	340	434

出典：日本スケートパーク協会提供資料（2023）より著者一部改編

となり、堀米雄斗選手や四十住さくら選手、西矢椛選手などの日本人スケーターがメダルを獲得した。オリンピックという世界のスポーツ大会で公式の競技種目となったことやオリンピックでのメダリストの輩出、そして、その後の世界での日本人スケーターの活躍などがメディアでも取り上げられるようになり、日本でのパブリックイメージも向上し、スケーター人口の増加にもつながった。同時に、新型コロナウイルス感染症蔓延の時期と重なり、人との接触も少なく、屋外で滑ることができるスケートボードの需要が高まったことも、少なからず影響を及ぼしているだろう。

このように、スケートボードは、元来、路上や裏庭のプールなどで滑っていたところから発祥しているストリートカルチャーだったが、現在では、メインストリームのカルチャーともいえるほど、一般化しつつある。また、オリンピックの正式種目となったことで、スポーツとしてとらえられるようになった。これらの結果として、スケーター人口が増えており、スケートボード空間が以前よりも増して必要とされている状況をつくり出しているといえよう。

2. スケートボードを取り巻く課題

一方で、今も変わらず、スケートボードにおける公共生活空間での騒音や危険行為などの問題は、日本だけではなく世界の諸都市においても解決すべき課題として残されている。実際に、全国各地でスケートボードに関する危険行為などが報じられている。

たとえば、神戸市の中央区では、深夜の商店街で滑ってベンチにスケートボードの跡や傷をつけたり、服飾雑貨店のシャッターが壊されたりした。地域住民はスケーターを否定したり拒否しているのではなく、ルールを守ってほしいと寛容な姿勢を見せ、商店街側が修繕を行っている。こうした一部のスケーターによる迷惑行為は、東京2020オリンピック以後に顕著になったという。事実、2021年のスケートボードに関連する兵庫県内の警察への通報は1,600件以上にのぼっており、その多くは、騒音や危険行為であった（読売新聞オンライン2022年3月17日）。

また、JR水戸駅（茨城県）前のペディストリアンデッキでは、「水戸市駅前広場における安全で快適な環境の確保に関する条例」が施行されているが、スケートボードによる迷惑行為への抑止力になっておらず、事件や事故が発生しているという。スケートボードをしていた少年がデッキから落ちて重傷を負ったり、ぶつかりそうになった男性にスケーターが注意をされ激高し暴行するケースも発生している（読売新聞オンライン2022年3月17日）。

日本の法律では、スケートボードの項目が設けられていない、あるいは明記されておらず曖昧な点もあること、損壊被害を受けた側が裁判などを起こすケースが少なく、住民側やコミュニティ側が損壊された公共物の修繕や修復の費用を負担する傾向にある。このような状況が改善されないままでは、今後は取り締まるための、よりハードな規制を導入する可能性もある。スケーターにとっては彼ら自身の活動範囲や解決の選択肢を自ら狭めることにもつながる。

事実、スケートボードの先進国でもある欧米では1970年代にすでにこうした事態を経験している。企業が運営していたスケートパークが損害賠償に備えた保険料が高額で、また、裁判を起こされるケースが多くなり、商業用のスケートパークが次々と閉鎖され、スケートボードが衰退していた時期があった。換言すると、日本においても、先述のような問題が解決できなければ、スケーターは自由に滑走できる場所がこれまで以上に縮小され、危険行為に対して高額な損害賠償請求が発生することも考えられる。そうした状況は、スケーターにとっても良いとはいえない。マイナスのパブリックイメージが存在していることに加え、スケートパーク建設における計画の進め方などにより、いったんは持ち上がったスケートパークの事業計画が中止される事態も生じている。

一方で、海外では、スケートパークの存在によって、その周辺地域の環境が悪化するという相関関係は見られないと報告されている。ニュージーランドやイギリスの調査によると、荒廃した中心市街地のエリアにスケートパークを設置したことで、犯罪や反社会的行動の割合が低下したという報告もある（Borden 2019, p.165; Taylor and Marais 2011; McFadyen and Longhurst 2014）。つまり、適所にスケートパークを設置することは、建設的な影響を及ぼし、効果を創出することにつながるのである。

スケートボードは、パブリックイメージで判断される傾向があるため、スケートパーク建設においては、まず、計画段階で地域住民とスケーターとの交流に時間をかけて相互理解を深めることが、必要不可欠になってくる。創造的な解決に向けたプロセスを経ることによって、さまざまな方面への相乗効果が創出されるのである。

東京2020オリンピック開催前後、先述のようにスケートボード人口やスケートパークの設置数が増加傾向にある。元来、日本においてはスケートパークの数は相対的に少ないため、スケートパークが設置されることは問題ではないが、次のような懸念も浮上している。

たとえば、都内に2017年に完成したスケートパークAは利便性の良い場所にもかかわらず、利用者がほとんどいない状況に陥っている。その背景には、セクションの設置などのデザイン・設計がスケーターのニーズをとらえられていない点があげられる。コンクリートなどで造成している場合は、一度造成してしまうと、可動式でない限り、デザインやセクションの配置などを変えることが難しい。また、パークの面積に対して、セクションの大きさ自体がそぐわない場合もある。せっかくつくっても利用されないのでは財政的にも社会効果的にも意味のない無駄なものになってしまうのである。

3. スケートボード関連政策

次に、国や自治体はスケートボードに関連するどのような政策を行っているのかについて考察していこう。

(1) 道路交通法

道路交通法の76条4項3号には、危険行為として「交通のひんぱんな道路において、球技をし、ローラースケートをし、又はこれらに類する行為をすること（道路交通法）」と記載されている。つまり、日本における人の往来のある、あるいは多い公道でのスケートボードの滑走は、ローラースケートと同等とものするならば、法的に実質上、禁止されているところがほとんどであるととらえられる。

しかし実際には、人通りや交通量の多い公道でそうした行為や通行人や住民に迷惑となる事象が見られ、社会や地域コミュニティとの間に軋轢などを生じているのである。なお、東北地方の交通が頻繁でない公道では、法的に違反とはとらえられないとして、黙認あるいは注意などがされてないところもある。しかしながら、首都圏や都市部の交通の往来が激しいところでは実質的には禁止であるととらえられる。

(2) 国によるアーバンスポーツ推進

国は、スケートボードをアーバンスポーツの1つとして、都市部でのスポーツ振興のための政策の中に盛り込んでいる。アーバンスポーツは、野球や陸上のようにスポーツ競技として歴史が長い訳ではないため、政策策定に向けての検討が始まったばかりで定まった定義はされていないが、「エクストリームスポーツ[2]に包含されるスポーツ」で、「国際大会FISE（Festival International des Sports Extrêmes）の開催スタイル」のものとされている（スポーツ庁 2021）。

また、「従来の『体育』の概念から『楽しむスポーツ』、さらには『遊びの要素を取り入れたアクティビティ』をスポーツととらえる」とし（スポーツ庁2021）、若者に支持を得ているスポーツとして国はとらえている。

スケートボードがアーバンスポーツとしてスポーツ庁で採用された背景には、東京2020オリンピック以降のレガシーの継承・発展と若者のスポーツ離れがあげられる。実際に、スポーツ庁の「第3期スポーツ基本計画」によると、中学生の部活動参加率もスポーツ少年団の加入率も減少傾向にある。また、成年のスポーツ活動の実施割合についても、30代から50代は他の年代に比べて小さい（スポーツ庁2022）。時代の潮流と共に、現代社会の問題に対する対策という側面がある。

加えて、アーバンスポーツは若者や子どもの支持を得ていることからも、「スポーツの側面を越えた都会的文化要素が強く、新たな若年層インバウンドの拡大に寄与する分野として」（スポーツ庁　2021）もとらえられており、スポーツ振興という側面だけではなく、観光振興や地域振興にも期待が寄せられている。

(3) 自治体による政策

現場を担っている自治体のスケートパーク政策に関しては、管理している部署や課も公園課や港湾課など、自治体によってさまざまである。同様に、スケートパークの規模や運営形態も自治体によって異なる。こうした政策実施の主な目的には、大きく2つの傾向が見られる。1つは、オリンピック以前に実施された政策は、騒音などの苦情やスケーターによる設置の陳情などがあり、それらの対応のために設置されたケースが多くみられるということだ。そのため、既存の公園内への設置や空き地になっている湾口部分などの土地活用として、設置されている場合が少なくない。

要望や苦情などに対応した政策であるため、トップダウン的な政策ではなく、あくまで社会のニーズに対応した策を講じたものであったといえる。特に、長期に存続している相対的に小規模のところは、スケーターと地域住民あるいはコミュニティや行政側が柔軟に対応しつつ、運営しているところが多く、それが特徴的である。

もう1つの政策実施の背景には、オリンピック競技種目としての採用を契機に、多くの自治体が積極的にスケートパークを設置するようになった点があげられる。この場合も担当している課は自治体によって異なり、現在再開発中やリニューアル中のところも多く見かける。トップダウン的なものもあるだろうし、大規模なものは、昨今導入された民間投資による公募設置管理制度（Park-PFI〈以下、PFI〉）[3]を活用して設置されるところもある。今後は、こうした形態の再開発が増加していく傾向にあると予測されよう。

また、世界的なコンテスト会場地として誘致を行っている自治体もある。たとえば、2022年には、日本で初めてXゲームズが千葉市のZOZOマリンスタジアムで開催され、3日間で約4万人[4]が来場した（Xgames Chiba 2023)。2023年度も、千葉市は誘致に成功し、5月12日から3日間Xゲームズが開催された。2日目は雨天中止となったが、3日間で延べ3万人が来場した（yahooニュース 2023年5月23日)。この他にも、茨城県笠間市をはじめ、地方都市が国際競技用のスケートパークを設置するケースも見かけるようになった。

4. 包括的な都市政策に向けて

スケートボードを取り巻く現状を考察すれば、一部のスケーターによる危険行為や破損行為、騒音などがスケートボード界全体に対する批判やマイナスのパブリックイメージを増幅させる状況をつくってきた。正当な批判もあれば、そうではない場合もある。スケートパークによる地域振興や観光振興をめざすのであれば、スケートボードの根本的な課題を解決する必要があろう。つまり、スケートボードコミュニティと社会との共存の方法を模索することが急務となる。

現在の日本の法律では、スケートボードとは明記されていないが、実質的には交通量の多い首都圏の大部分の公道では滑走が禁止されているととらえられる内容であった。ハードな規制ではありつつも、曖昧な部分もあり、これでは問題の解決に至っていない一方で、各自治体の判断により、スケートパークを設置して対策を講じることで、問題の緩和や解消につなげているケースも見られる。

したがって、許容できる範囲を明確に示した規定とともに、社会と共存するような有効な方法を模索する必要があるだろう。日本では、明確に「スケートボード」と記載された法規はないが、他国であれば、法律にスケートボードの項目やスケートボード法が存在する都市もある。もちろん、それらは、それぞれの地域によって、スケートボードの定義が異なっている。たとえば、移動手段としてとらえて、自転車と同様な法規になっているところもあれば、遊び道具のようなものとされている場合もある。スケートボードを許容している、アメリカ・ポートランドやフランス・パリ、スウェーデン・マルメなどのスケートボード・フレンドリー・シティと称されているような都市は、明確な方向性あるいは規定が示されている傾向がある。

一方で、日本ではスケートボードをアーバンスポーツの1つとして位置付け、スケートパークによる地域振興や観光振興を推進することを検討していた。同様に、自治体も、東京2020オリンピック以後、これまでより大規模な国際競技会場の開発や民間投資によるPFIなどを導入した開発も実施され始めた。現在は、スケーター人口も増加し、スケートパークの数が足りていないことも理由として1つあげられるが、公営のスケートパークが増加傾向にある。

この動向は、1990年代の日本の文化施設が都市再生政策の手段とされ全国に林立したが、あまり利用されないまま、閉館されたのと同様な結果を招きかねない。事実、オリンピック直前に数千万円をかけて建設されたスケートパークが、利便性も良くアクセスしやすい場所にもかかわらず、利用者が既にほとんどいないというケースも現れている。つまり、安易に設置することは何の効果も創出しないのである。文化を基盤とした市民に有用な（使用価値のある）スケートパークの設置が必要になる。

昨今、スケートパークは目的が多様化している。スケートボードに興じるためだけの場所ではなく、スポーツツーリズムや地域振興などを見据えて設置する自治体も増えていくことが容易に予測できる。その場合、短期的な経済効果だけではなく、その土地のスケートボード文化や近隣住民の生活文化を重視したスケートパークづくりが求められるだろう。したがって、スケートボード文化と住民の生活文化の保全・振興を枠組みとしたなかでの観光振興や経済発展をめざす包括的な視点の都市政策が今後、重要になってくる。

第6章と第7章では、日本のスケートボードに関連する問題をどのように緩和・解消に導き、スケートボードコミュニティが社会とどのように共存できうるのか、そして、都市の再生や活性化にどのように貢献できるのか、日本のスケートパークの事例を通じて考察することにしよう。

【注】

1　1回でもスケートボードを経験したことがある人の数のため、実質的にはこれより少ない数字になると想定されている。

2　エクストリームスポーツとは、スノーボードやスケートボードなどの究極あるいは際どいスポーツとされているものであり、日本においてもエックスゲームズやFISE（Festival International des Sports Extrêmes）などを介して、すでに認知度も高い大会である。

3　国土交通省によると、「飲食店、売店等の公園利用者の利便の向上に資する『公募対象公園施設』の設置と、当該施設から生ずる利益を活用してその周辺の園路、広場等の一般公園利用者が利用できる『特定公園施設』の整備・改修等を一体的に行う者を、公募により選定する『公募設置管理制度』のこと」である。

4　当初は9万人の来場が見込まれていた（日経ウェブサイト）。

【参考資料】

Xgames Chiba 2023（2022年12月22日）「『X Games Chiba』2023年5月に再び開催決定！」https://xgamesjapan.com/news/1287/（2023年3月4日参照）

公益財団法人健康・体力づくり事業団（2021）「特集 アーバンスポーツに見るスポーツの広がり」『健康づくり』8月号 No.520, pp.2-6.

国土交通省都市局 公園緑地・景観課（2017年8月10日）「都市公園の質の向上に向けたPark-PFI活用ガイドライン」
https://www.mlit.go.jp/common/001197545.pdf（2023年4月9日参照）
サンスポ（2022年12月22日）「Xゲームズ、2年連続国内開催決定　アクションスポーツ世界最高峰、来年5月にZOZOマリンで」
https://www.sanspo.com/article/20221222-FK3QJEH6SRD2BH5L6VCJMB3THM/（2023年3月4日参照）
スポーツ庁（2021）アーバンスポーツーリズム研究会「アーバンスポーツーリズム推進に向けた論点整理（案）」
https://www.mext.go.jp/sports/b_menu/shingi/032_index/siryo/1420896_00003.htm（2023年3月20日参照）
スポーツ庁（2022）「第3期スポーツ基本計画」
https://www.mext.go.jp/sports/content/000021299_20220316_2.pdf（2023年3月20日参照）
「道路交通法」（e-GOV法令検索サイト）
https://elaws.e-gov.go.jp/document?lawid=335AC0000000105_20230701_504AC0000000032&keyword（2023年4月9日参照）
西川隆（2020）「スケートボードから見るアーバンスポーツの可能性と未来（資料4）」スポーツ庁『アーバンスポーツ研究会第2回配布資料』
https://www.mext.go.jp/sports/content/20210112_stiiki_000012126_04.pdf（2023年2月1日参照）
日本経済新聞（2022年4月18日）「日本初『Xゲーム』、千葉市で22日開幕　トップ選手集結」
https://www.nikkei.com/article/DGXZQOCC149HZ0U2A410C2000000/（2023年3月4日参照）
NPO法人日本スケートパーク協会　https://www.jspa.or.jp（2023年4月9日参照）
日本スケートボーディング連盟
https://japanskateboardingfederation.jp（2023年4月9日参照）
yahooニュース（2023年5月23日）「『X Games Chiba 2023』男子スケートボードストリートで13歳の小野寺吟雲が史上最年少優勝！」
https://news.yahoo.co.jp/articles/b94238bc3ce17b2b3c92344aa98f83736f6c34b2（2023年6月1日参照）
読売新聞オンライン（2022年3月17日）「商店街での夜のスケボー『勘弁して』…ベンチやシャッターに傷、五輪後『見過ごせないほど』に」
https://www.yomiuri.co.jp/national/20220316-OYT1T50145（2023年4月9日参照）

第6章

日本の事例研究〜公共スケートパークの萌芽

本章では、日本のスケートパークが、地域のスケートボードに関連する問題をどのように緩和・解消に導いて社会と共存しうることができたのか、地域の活性化にどのように貢献できるのかについて、アクター（の関係性）と形成プロセスや管理運営について考察する。

取り上げるのは、駒沢オリンピック公園ストリートスポーツ広場、横須賀市のうみかぜ公園スポーツ広場、京都市の火打形公園スケートボードパーク、祖師谷公園のスケートボードスペースとする。これらは、スケートボードがオリンピック競技の正式種目にまだ採用されておらず、スケートボードの認知度も現在より相対的に低く、パブリックイメージも良くなかった頃に設置され、今日まで大きな問題もなく、住民やローカルスケーターに利用され続けているスケートパークである。全て公設の公共スペースであるが、管轄している課、公園法で定められている公園種別や規模、そして立地条件などもそれぞれで異なる。

これらの共通する点を析出することによって、規模などの条件に関係なく、普遍的な条件を検討する。

1. 駒沢オリンピック公園ストリートスポーツ広場（東京都世田谷区）—スケート文化が根付いた場所

東京23区内のなかでも、多くのスケーターが集まる通称・駒沢スケートパークは、初心者からプロスケーターまで、相対的に自由に滑れる開かれた空間で、スケートボードの聖地（メッカ）の1つといえる。現在のスケートパークが設置される以前、ローラースケートが流行した昭和の時代にも、公園内にはローラースケーターの姿があり、ある意味ここには、スケート文化がすでにあったともいえる。

現在の「駒沢オリンピック公園ストリートスポーツ広場」こと通称・駒沢スケートパークは、先述の通り、都内でも多くのスケーターが集まるスケートパークの1つで、駒沢オリンピック公園内に位置している（東京都世田谷区駒沢公園1-1）。無料のスケートパークであり、プロスケーターはもとより、家族連れやガールズスケーター、初心者から上級者まで誰でも利用が可能な公共空間である。

現在では、週末になると、1日延べ100人から200人がこのスケートパークを訪れる（清水2022）。実際に、新型コロナウイルス感染症蔓延の状況が3年経って落ち着き始めた2023年5月2日のゴールデンウィークの合間の平日は、朝にもかかわらず、多くのスケーターで賑わっていた。スケート広場は10時に開園であるが、10時半頃にはすでに30人以上がスケートボードに興じていた。10月初旬の午後も、50人以上が楽しんでいた。

以前は違っていた。約35年ほど前からここでスケートボードに興じている「ミスター駒沢」こと浦本譲によると、1990年代は、子どもの姿を見かけたことはなかったが、2010年代になると、子どもたちから親子連れ、ガールズスケーターまで多様な人たちが滑りに来るようになったという。さまざまなことを乗り越えて、今日の駒沢スケートパークが存在している。実際、もともとは現在のような公式のスケートパークではなかった（清水2022）。

駒沢オリンピック公園の前身は、大正時代に遡る。1914年に、東京ゴルフ倶楽部がもともと私有農地だった場所に駒沢ゴルフを開業したことから始まり、昭和天皇が皇太子だった1922年に英国皇太子と親善ゴルフをした場所である。その後、東京急行電鉄（現・東急電鉄）に引き継がれ、砧（現在の砧公園）などを含め、世田谷のゴルフ場として、東京名物になっていた場所であった（東京都公園協会ほか）。

1942年には都市計画法により防災緑地に指定され、1947年に国有地となり、翌年には、東京都議会で駒沢緑地総合運動場を設置することが内定された。1953年には、東急の寄付により、公式野球場が設置された。そして、1958年には8面のバレーボール場が新設され、1959年に、第18回目のオリンピックの開催都市が東京に決定し、駒沢が第2競技会議場に選ばれたのである。駒沢での競技種目は、バレーボール、サッカー、ホッケー、レスリングに決定し、都市計画として駒沢公園事業が行われた。1964年には、駒沢オリンピック公園が完成し、同年12月1日に開園したのである。駒沢オリンピック公園は、2014年で50周年を迎えた歴史ある公園でもある（東京都公園協会）。

敷地面積は、東京ドーム約8.8個分の約41.4万㎡の広大な広さを誇り、緑も多く、植栽した樹木や草花は主に日本の郷土植物が採用されたという。現在、中央広場、ジョギングコース・サイクリングコース、児童公園、ストリートスポーツ広場（SS広場）、ドッグラン、陸上競技場、弓道場、第一球技場、第二球技場、硬式野球場、軟式野球場、テニスコート、カフェ、ジャブジャブ池などが併設され、今日まで多くの都民や近隣住民で賑わう公園の1つになっている（図6-1参照）。

市民に親しまれてきた駒沢オリンピック公園であるが、以前はストリートス

図表6-1 スケート広場平面図

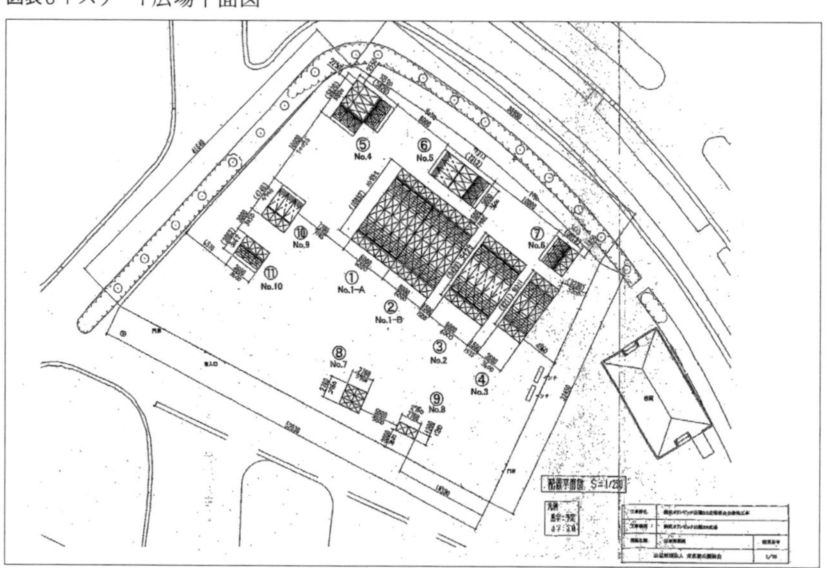

注：ミニランプ：4基、ヒップ（クォーター）：1基、ファンボックス（Rto バンク）：1基、クォーターランプ：2基、ボックス：2基、バンク：1基、

提供：東京都公園協会

ポーツ広場、すなわちスケートパークは併設されていなかった。いつ頃から、どのような経緯で設置することになったのかについてふりかえってみよう。

1980年代後半から2008年頃までは、10人から30人ほどのローカルのスケーターやBMXなどに興じる人たちが、駒沢公園内に場所を求めて集まっていた。そうした駒沢ローカルといえる人たちが、自分たちで手づくりした木製ランプやバンク、ボックスやレールなどのセクションと呼ばれるものを設置して楽しんでいたのである（清水2022; 駒沢公園アクションスポーツスケーター団体）。

2000年頃からは、木製のものは劣化しやすく出火の恐れがあるため、徐々に鉄製のセクションを設置し始めたが、落書きされたり、夜間の騒音などの苦情がよせられていた。対策の一環として、当時一緒に滑っていたアーティストがそれらに綺麗にペイントを施し、イメージの悪い落書きを抑制することを試みた。また、日暮れにはセクションに施錠をすることで夜間の騒音につながらないようにもした。こうした取り組みは近隣からの苦情などの解消につなげるためでもあり、滑る場所がないスケートボーダーたちにとって、彼ら自身が自由に利用できる場所を確保しておくためでもあった（清水2022; 駒沢公園アクションスポーツスケーター団体）。

しかし、騒音などの苦情は減らず、東京都からセクションを完全撤去するように通告された。これを契機に、ここを利用していたスケーターのコミュニティは、駒沢公園アクションスポーツスケーター団体を組織した。その組織代表であった浦本らを中心とした数名がイニシアティブを取り、若者がスケートボードやBMXで楽しめる多目的スペースの確保のための署名活動を行い始めた。当該団体は、2005年から2009年にかけて、東京都と交渉を続け、当時の石原慎太郎東京都知事に要望書を提出し続けていたという（清水2022; 駒沢公園アクションスポーツスケーター団体）。

一方で、以前の公園の指定管理者[1]には、2007年の行政監査によって「維持管理ルール、管理責任が不明確」という指摘がなされていた。そこで、2008年3月から2009年9月にかけて、管理者側とこの場所を使用していたスケーターとが、利用ルールやマネージメントのための協議を実施した（東京都公園協会）。

その結果、2009年に既存のランプを撤去して翌年3月には更地にし、現在の駒沢スケートパークの場所をスケートパークとして1年間の試行期間を設けて実験することに至ったのである（東京都公園協会）。試行期間は、セクションが設置されることはなく、フラットなスペースのみの空間となったのだが、浦本によると、このことが、結果として、このパークの将来を左右したといっても過言ではないという。

理由の1つとして、フラットなスペースとなったことで、幼い子どもたちが2008年頃から流行しているスケートボードのような「キャスターボード[2]」を持って遊びに来るようになったことがあげられる。この頃から、駒沢スケートパークには、子どもたちだけではなく、ガールズスケーターの姿も見かけるようになったという。結果として、スケートパークは以前より多様性のある、広範な人が集まるインクルーシブな遊び場所へと変容するきっかけともなった（清水2022; 駒沢公園アクションスポーツスケーター団体）。

このことは、都にとってもコミュニティや近隣住民にとっても、この場所が公共空間として機能しつつあり、健全で建設的な場所になる可能性を持てるイメージへと転換できたことを示している。翌2010年5月からは、地元町会にも説明を行い、東京都によって、柵とランプが試行的に設置された。そして翌年には、晴れて東京都によって「ストリートスポーツ広場」として公認されるに至ったのである。2011年4月からは、本格的なスケートパークへと移行するため、周辺フェンスを高くしたり、2014年には、地元町会からの要望もあり、防音壁を追加設置したりしている（東京都公園協会）。

試行期間も、どのようなパークにしていくのか、どのようなコンセプトのスケートパークにするのかについて、先述のスケートボードコミュニティのメンバーと都との間で話し合いが幾度も行われていた。以前の駒沢公園は、浦本のような元プロスケーターや相対的に技術の高い人たちが多く集まる空間だったため、駒沢ストリートスポーツ広場もプロ仕様の空間にするのか、それとも初心者も滑れる空間にするのかなどのさまざまな議論がなされたという。その結果、上述の変化も鑑み、公園という公共空間であることから、初心者からプロまで幅広い人たちが利用できる空間にすると決定した。東京都も賛同し、今の多種多様なスケーターが集う駒沢スケートパークが形成されたのである（清水2022; 駒沢公園アクションスポーツスケーター団体）。

注目すべきは、スケーター団体のメンバーが、こうしたスケートパークのコンセプトだけではなく、スケートパークのデザインや空間づくりに実質的に参加していることである。たとえば、なるべく多くの人が同時に安全に利用できるよう、フラットな地面部分を広く取ったセクションの配置など、スケーター団体が熟考したレイアウトを都に提示し、話し合いを重ねて現在の形になっている（図表6-1参照）。

加えて、利用ルールについても彼らの意見が反映されている。当時もおそらく現在も、ほとんどのスケートパークで義務付けられているヘルメット着用に関しても、駒沢スケートパークでは、ヘルメットの義務付けをなくすかわりに、下地はコンクリートよりも柔らかいアスファルトにする提案をすることで、ヘルメット着用なしで利用ができるようにした（図表6-2参照）。

図表6-2 スケート広場利用ルールの看板

提供：東京都公園協会

他にも、利用規約の承諾や登録手続きの義務など、スケートパークではよくあるルールは採用せず、できるだけ多くの人が気軽に利用ができるように、最低限のルールで運用していきたいと提案し、もしトラブルが増えるようであれば、改めてルール設置するという条件の下で、東京都と合意を交わしている（清水2022; 駒沢公園アクションスポーツスケーター団体）。つまり、スケートパークを利用する人たちにはある程度自由度がある一方で、自分たちでコントロールあるいはセルフマネジメントすることが求められているのである（清水2022）。

加えて、スケートパーク内での飲酒や喫煙の禁止、パーク外での滑走禁止、無断商用撮影行為禁止、譲り合って利用することなどは、利用上のルールとして看板に掲げて啓発を促している（図表6-2参照）。こうしたルールはあるが、罰則などは定めていない。こうした環境下でも重大な問題は発生していない。浦本によると、ローカルスケーターたちが積極的に啓蒙活動を行い、こうしたルールの認識が利用者に共有され続けていけば、自由度の高いスケートパークを存続できるはずであるという。それを現在実践しているパークが、駒沢スケートパークともいえよう。浦本などのスケーター団体のメンバーは、現在でも、スケートパーク内の様子を見に行き、パーク内が安心安全で円滑に活動できるように、今でも啓蒙活動を続けている（清水2022）。

同スケートパークは、常に利用者が多いため、事故にならないように、スケーター自身が滑るタイミングを見計らいながら、順番に滑っている。こうした行動はスケートボード文化にはもともと根付いているが、これまでのスケートボーダーたちの草の根の活動や取り組みが、利用するスケーターにも浸透し、継続されていると同時に、若い人たちにも引き継がれ、駒沢スケートパークが存続しているのである。まさに、駒沢のローカル・カルチャーとしてのスケート文化シーンを継承し、体現している拠点である。

こうした経緯を経て駒沢スケートパークの文化が醸成されてきたのである。2016年には、リニューアルされてアップデートしている。たとえば、防音とケガの軽減のため、路面を円滑にする特殊な塗装が施され、全てのセクションも新設されている。それを機に、東京都からの要請により、年に2回ほど、キッズスクールを開催するようになった。このスクールは、毎年開催され、募集定員数の50名はすぐに埋まってしまうほど人気の高いスクールになっている（図表6-3参照）（清水2022; 駒沢公園アクションスポーツスケーター団体）。スケートパークが地元やコミュニティ周辺の人々の公共空間として根付いていることが認識できよう。

このように、駒沢ローカルのスケーターたちによるイニシアティブによって、現在の駒沢スケートパーク空間が形成され、駒沢という地でスケートボードが根付き、今では、都内におけるスケートボーダーの聖地の1つとなっている。

図表6-3 キッズスクールの参加者数（人）

年度	2015		2016	2017		2018		2019	
	5月	7月	12月	5月	12月	5月	12月	5月	11月
参加者数	50	50	50	47	48	47	49	48	33*

出典：東京都公園協会提供資料より著者作成（*新型コロナウイルス感染症の発生直前）

昨今のスケートボード人気の高まりにより、こうしたローカルスケーターの地域問題に対する取り組みや啓蒙活動、コミュニティや自治体への働きかけは、ますます重要になってくる。それゆえ、ローカルの若い世代のスケーターたちがそうした活動や意思を継承していくことやローカルの先人（先輩）とのつながりを持っておくことが、自由度の相対的に高いスケートパークを継承し続けられる1つの鍵になるのだろう。

微笑ましい
兄妹スケーター

駒沢公園の
ガールズスケーター
提供：足立梓（上下とも）

同じ大学の友人同士で教え合っているスケーターたち

日が暮れかけても
みな楽しんでいた

2. うみかぜ公園スポーツ広場（神奈川県横須賀市）—アメリカ文化が混在する都市

うみかぜ公園にスポーツ広場があり、その一部に1996年から無料のスケートボードエリアが設けられた。海側は景色が開けているため、天候の良い日には、爽やかな開放感のある場所になっている。同スケートパークは、全国でも、最も早期に設置された公共スケートパークの1つといえるパークである。

実際に、スケートパークを開園して2年目には、地方の自治体から問い合わせがあり、全国のスケートボードコミュニティの間でもスケートボードができる公園があるということで話題となっていたようだ（横須賀市）。米軍横須賀基地があり、スケートボード発祥の地とされるアメリカ文化が普段の生活環境にも浸透し、共存していることも、早期にスケートボードを設置する背景の1つであったと少なからず推測できよう。この点については、第7章で触れている沖縄県沖縄市も同様である。

うみかぜ公園のスケートパークを含むスポーツ広場は、現在でも多くの近隣地区の人々が利用しており、年間平均約4万1,000人（2015-2022）が利用している。平日でも子どもから大人まで、広範な人々がスケートボードやBMX、バスケットボールなどに興じている。特に東京2020オリンピック前後からは、コロナ渦中であるにもかかわらず、スポーツ広場の利用者数は以前よりも増加傾向にあった（図表6-4参照）。多くの利用者は自転車や自動車で来場している。駐車場（有料）や駐輪場は、スポーツ広場に隣接しており、24時間駐車可能である。夜間は22時に消灯されるため、その時間までがスケートパークが利用できる時間となっている。

同公園は、約5.2haの面積の場所を埋め立てて、「横須賀市海辺ニュータウン（安浦地区埋立事業）」のシンボル緑地として整備された、海沿いに立地する公園である（神奈川県横須賀市平成町3-23）。埋立事業は1984年から着手、1992年から上物工事を開始、暫定的に市民に開放しつつ、1996年から全面的に提供されている。2017年にスポーツ広場の改修工事が行われ、リニューアルされた。同スケートパークの種別は港湾緑地となり、所管も公園課ではなく港湾管理課である。運営・管理は、指定管理者制度を活用しており、現在は、よこすかseasideパートナーズ[3]が指定管理者となっている[4]。

図表6-4 うみかぜ公園スポーツ広場の利用者数の推移（人）

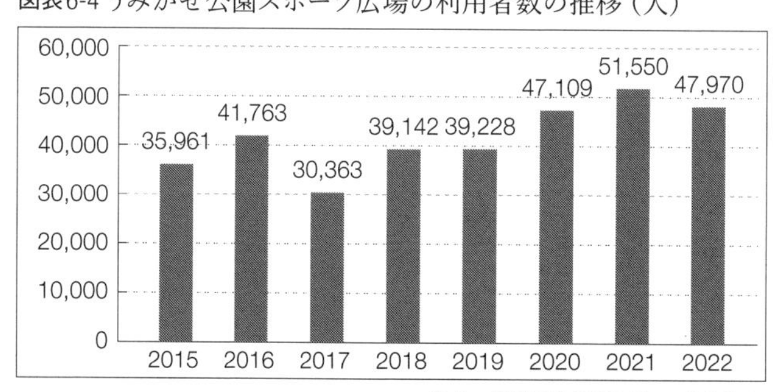

出典：横須賀市提供資料より著者作成

京浜急行電鉄の県立大学駅より徒歩15分のところに立地し、東京湾で唯一の自然島である猿島が一望できる公園でもある。公園内には、スケートボードからBMX、スリー・バイ・スリー（3×3）などができるスペースがある。スケートパークの設置は計画当初から用途として含まれており、「明るさと開放感」「優しさと暖かみ」「若さと躍動感」をテーマとして、景観形成をデザインしたという（横須賀市）。

実際の計画過程では、スポーツ広場を「新しい街の公園として若い人々が集まれる施設」とするため、どのスポーツを導入するのかについて検討されたなかに、スケートボードやローラースケートが含まれていたが、運営管理などの問題から市当局は当初躊躇していたという（鈴木1994; 横須賀市）。一転して、スケートボードを設置した背景には、次のような点があげられる。

当時、市当局には街中の市民公園でのスケートボードによる騒音の苦情が多くよせられていた。そうした状況下での市会建設常任委員において、社会・

市民連合から「スケボーも新しいスポーツとして今後普及していくのではないか。少年の遊びの傾向も変化しつつあり、市が施設をつくるなどの受け皿づくりも必要なのでは」という質問があった。それに対して、当時の市環境保全部の石渡忠孝部長は「……他に可能な場所を見つけたい」と肯定的な回答をしたという（鈴木1994; 横須賀市）。

加えて、横須賀市内のスケーターやその関係者など合わせて316名からの要望書（署名）が提出されたことも、後押しとなった。署名者の多くは10代であったという。こうしたことをきっかけとして、全日本スケートボード協会（現・日本スケートボード協会（AJSA））などの組織と連携し、整備や維持管理を行っていくことになった（横須賀市）。一連のやり取りなどもあり、住宅地でなく、湾岸エリアで騒音なども問題にならないであろう立地環境のうみかぜ公園がスケートボードのようなスポーツの受け皿になればと市は考えたのである。

計画の実現に際して、市の担当者は、自治体が一般的にスケートパークの設置導入を敬遠する背景には、次の4つが起因していると考えていた（横須賀市）。

①近隣住民に対する騒音被害
②ボードの金具による破損
③ケガなどによる設置者責任および管理瑕疵（かし）
④一般風評によるいわゆる「不良の溜まり場」論

これに対して、市の当時の担当者は、①騒音については、上述のように、湾岸で、周辺には海、道路、事務所や商業施設に囲まれ、住宅地から離れた場所であったため、問題は起こりづらいと判断した。②破損に関しても、最初から破損しづらいものとして設計し、③安全性は十分に確保しつつも、公園遊具と同じものと考えて対処・対応するとしている。④スケーターとコミュニケーションを図り、互いの考えを伝え、理解し合うことで実現可能であると判断したとのことであった（横須賀市）。

特に、スケートパーク設置にあたり、スケーターとのコミュニケーションは非常な重要な要素であり、このプロセスがなければ、スケートボードの導入は不可能であったと当時の担当者から報告されている。また、スケーターについても、次のように述べていた（横須賀市）。

> 彼らのなかには実際会うと意外と礼儀正しく素敵な少年達も多いのです。「僕たちは法律に触れるようなことは何もしていないのに。ただスケボーをやらせてくれるところさえあれば…」これはもっともな意見で「彼らは施設を壊すから」と考えるより「壊れても良い」あるいは「壊れ難い施設づくり」という方向性もあって良いのではと思います。オープンして2年が経過しましたが多少の問題（若干の施設破損・夜遅くまでの利用など）はあるものの、大きなトラブルはなく好評のうち現在に至っています（横須賀市）。

また、施設の設備については、専門知識を持ち、スケーターでもある上記の同協会のメンバーが実質的に施設整備の計画段階から参加しており、横須賀市はスケートボードの専門知識や経験を持つスケーターの意見を取り入れつつ、協議を重ね、設計を行ってきた経緯がある。スケーティングエリアは、限られた広さ（500㎡）だったため、安全確保の観点を重視しつつも、スケーターに利用してもらえるように、市とスケートボード関連組織は、相互に妥協をしつつ、施設整備を行ったという。現在では、増築され、セクションの数も7から9に増えている（図表6-5、図表6-6参照）。

ルールについても、以下のようにスケーター目線での柔軟なルールが設定されている。

・自由使用

図表6-5 1996年オープン時の平面図

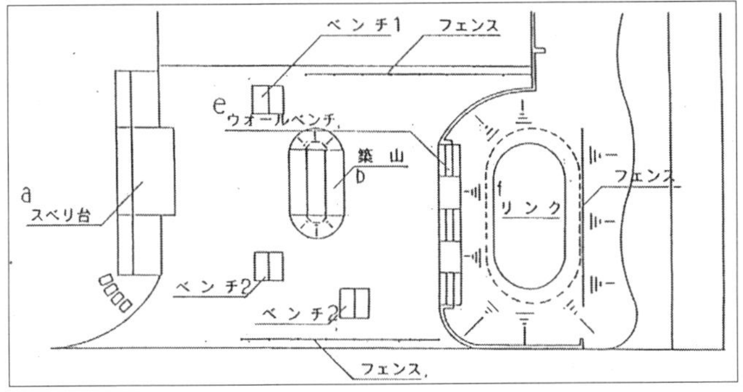

提供：横須賀市

図表6-6 2017年リニューアル後の平面図

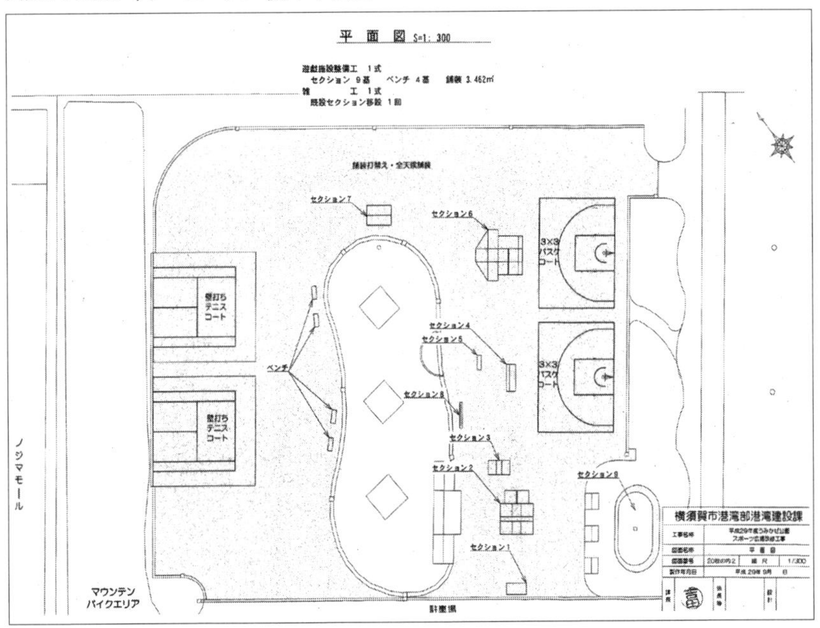

提供：横須賀市

・安全用具の啓発はしているが、自己責任で着用
・施設に起因する事故以外は、自己責任で対応
・照明は午後10時で消灯
・愛好者によるボランティア的な活動を通した運営
・管理人は、身体や設備に危険があるとき以外は、基本的に口は出さない
・愛好者による大会や、指定管理者による自主事業でイベントを開催
（横須賀市）

また、天候にもよるが、開園から現在まで、スケーターやスケートボード関連組織、指定管理者主催のイベントなども、月1回程開催されている。たとえば、日本スケートボード協会が主催した大会（図表6-7）や講習会などが行われ、利用頻度も高かったと報告されている。一方で、設置当初から小さい問題は多少なりともあるという。たとえば、利用者が無断でジャンプ台を持ち込み、放置しているなどである。これに関しても、スケーターと協議しつつ、市や指定管理者が危険なものと判断した場合は撤去している。市担当者によると、自作のバンクについても、柔軟にニーズに対応しており、個人での設置はできないが、スケーターのボランティア団体が指定管理者と協議をし、設置を行うケースもあるという。

図表6-7 2018年度以降のイベント開催

日程	主催者	イベント
2018年4月22日	AJSA	スケートボード大会
2018年5月20日	（公財）青年会議所	アメスカフェスタ （イベントの一部にスケートボード大会あり）
2019年4月7日	AJSA	スケートボード大会
2019年10月27日	横須賀スケートボード協会	スケートボードフットランド大会
2022年5月22日	よこすかseasideパートナーズ	ウミカゼアーバンスポーツフェスタ
2022年10月1日	AJSA	スケートボード大会

出典：横須賀市提供資料より著者改編

リニューアル前のうみかぜ公園スケートボードエリア　　提供：横須賀市

海が一望できる開放感のあるロケーション

テニスコートの横にもスケートボードスペースがある

うみかぜ公園でスケートボードに興じるドイツからの交換留学生

UM
KZ

親子スケーターの
姿もある

海を見渡せる絶好のロケーション

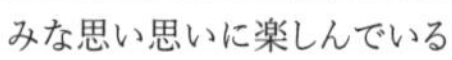

みな思い思いに楽しんでいる

スケートパークから見える猿島

1998年頃に同市が作成した資料によると、うみかぜ公園を設計した市の担当者が「パブリックスペースを人々に楽しく使っていただくためには、設計段階からどこか遊び心を持って仕事を進めていけるような雰囲気が必要です。行政内部だけでコンセンサスを得ることを優先しているような組織ではこうした公園はつくれなかったと思います」(横須賀市) と述べている。このことからも、計画過程におけるスケーターと自治体との連携や協働が成功の一因であったといえる。

このように、日本で前例がほとんどない頃に公共スケートパークを設置した横須賀市は、その頃から現在まで、スケーターやスケートボード関連組織などと連携してスケートパークをつくり、スケートボード文化を根付かせ、地域固有のスケートボード文化を生み出し、蓄積してきた。平日でも広範な人々が利用する使用価値のある施設といえるだろう。なお、横須賀市内のほとんどの公園ではスケートボードは禁止されており、公園あるいはスポーツを所管する部署での対応も今後迫られるかもしれないが、こうした経験を活かすことができる成功事例あるいは先進事例であるといえよう。平日にもかかわらず、若者から親子連れまで多様な人々が集まる空間となっていることがそれを表している。

3. 火打形公園スケートボードパーク(京都府京都市南区)—京都市内初の公共スケートパーク

火打形公園は、2004年4月に開園した公園で、京都市初の公共のスケートパークであり、唯一のものである (2023年6月時点[5])。京都市南区上鳥羽火打形町に位置し (京都市京都府南区上鳥羽火打形町11-6)、最寄り駅の京都市営地下鉄および近鉄京都線の竹田駅[6]から15分ほど歩いた鴨川沿いの工場や企業の事務所などが多く立ち並ぶエリアに立地している。

当時は、このような設備の整ったスケートパークは、関西にも少なかったため、新型コロナウイルス感染症蔓延直前の2018年までは、日本スケートボード協会が年に3回主催する大会のうち1回は同パークが大会会場となっていた。そのため、東京2020オリンピックのスケートボード女子パークで金メダルを獲得した四十住さくらや五輪史上で最年少金メダルをスケートボード女子ストリートで獲得した当時13歳の西矢椛は大会前になると、同パークに通っていたという（一般社団法人京都市スケートボード協会〈以下、京都市スケートボード協会〉）。

特筆すべきは、本章で考察している他のスケートパークと同様に、ここに設置が決まった頃は、まだ現在のようなオリピックによるスケートボードの認知度や人気は高くなかったにもかかわらず、京都市ではこうしたスケートボードの公共施設を設置しようとしていたことであろう。加えて、京都市によると、これまでの約20年間、同スケートパークに関しては、大きな問題もなく運営・維持されている。そのプロセスを考察していこう。

火打形公園の公園種別は、街区公園であり、スケートボードの他に、芝生広場、いこいの広場、ちびっこ広場、多目的広場、そしてスケートボード広場が設けられている（図表6-8参照）。遊具やベンチ、自転車置き場、照明、トイレも設置され、市民の憩いの公園として親しまれている。スケートボード広場は、敷地面積900㎡の広さの初級者から上級者までが楽しめるパークとなっている[7]（京都市）。公園全体の面積が9,721㎡であるため、スケートボード広場が全体の約1割を占める（図表6-8参照）。

スケートボード広場が設置された背景には、市民やスケートボード愛好者からの要望が京都市の方にもともと寄せられていたことがあげられる。実際に、スケーターらは、専用施設を求める署名活動を行い、その請願書を当時の京都市長へ提出していた。また、これらを先導していたスケーターらは、火打形公園へのパーク設置のため、京都市スケートボード協会を設立し、組織的に活動を行っていた（京都市）。

どの地域のスケーターも、スケートボートに興じる空間が少ないため、法

図表6-8 火打形公園全体図

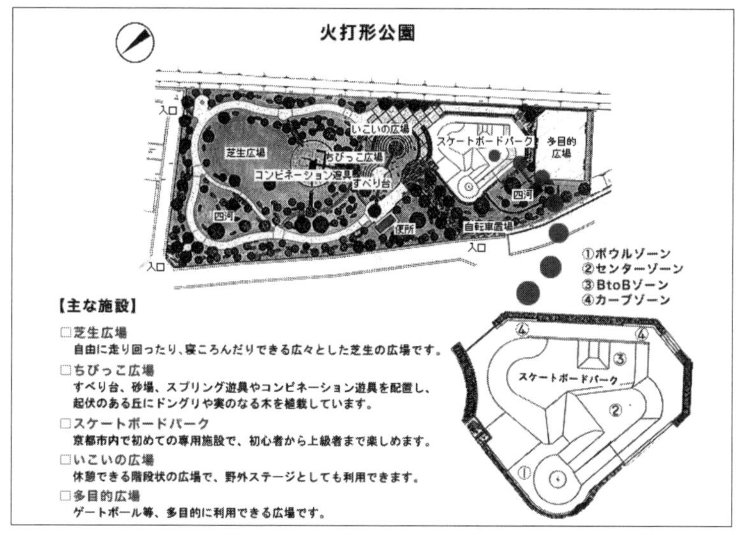

提供：京都市スケートボード協会

的に許可されていない空間で滑ることが増え、社会やコミュニティとの軋轢（あつれき）や問題が生じているケースも多く見られる。スケーターは、自由に気兼ねなく滑れるスペースを求めており、火打形公園への設置希望もその1つであった。実際に、当時、同スケートパークの設置に関わった市の緑政課の担当者は、公園や広場など、許可されていない場所でスケートボードに興じるスケーターたちがいて、怒られている若者をよく見かけていた。そうしたスケーターの行為により公共物の損壊・破壊や利用者や歩行者への危険行為も見られた。市の担当者は、若者が自由にスケートボードに興じる場所がないという問題に気づいたのである（京都市；京都市スケートボード協会）。

市の担当者は、若者の遊び場がない点と地域の衰退という課題に対して、自治体としての市と地域と若者が一体となって盛り上がることこそが地域活性化につながると考え、地域住民にそのことを熱く語り、説明していたという（京都市スケートボード協会）。こうした背景により、スケーターと市民双方の課題を解消するために専用施設を設置する計画を立てることになった（京都市；京都市スケートボード協会）。

火打形公園自体は、上鳥羽地区の区画整備事業の一環として整備がすでに計画されていたことと、近隣地区に住宅も相対的に少ない川沿いの公園だったことからも、市はここにスケートボード専用のスペースを設けることにした（京都市）。同時に、火打形公園の予定地にスケートボード専用施設を設置することを地元の町内会に提案した。

当初は反対意見が多かったという。市内初の試みであり、当時は、スケートボードの認知度が低く、パブリックイメージも相対的には良くなかったなかで、地元の理解をまず得ることが必要であったと市の緑政課担当者はいう。そのため、スケーターたちには、夜遅くまで滑る行為など近隣住民に迷惑をかける行為を控えるように求めていた（京都市）。

2002年7月頃からは、京都市スケートボード協会代表[8]でスケーターでもある今井英之らを中心としたメンバーの意見を参考にしつつ、スケートパークのデザインなどを含めた計画を進めた（京都市）。当時の同協会は、13、4人で構成されており、東京2020オリンピックのスケートボード代表監督の西川隆もメンバーの1人であった（京都市スケートボード協会）。

こうした状況のなかで、京都市は、町内会を中心とした地元住民と京都市スケートボード協会とで運営協議会を設置し、スケートボード施設に関するあらゆる事項について話し合いを重ねた。そうしてつくられたのが火打形スケートボードパークである。先述のように、もともとの計画では、広さも多目的広場の半分以下の予定であった。

それが、現在のように、予定の数倍の敷地面積の本格的なスケートパークへと計画が変更されたのには、それまでのローカルスケーターと近隣住民、自治体の交流や議論のプロセスが大きく影響を及ぼしていた。実際に、地域住民とローカルスケーターとの信頼関係が築けたことによって、地域住民たちから「スケートパークを設置するのなら、日本一のものをつくろう」との声が上がり、当初の計画にはなかった本格的なスケートパークを建設することになったのである。

背景には、同運営協議会の設立直前からそれ以後のパークの設立・運営に大きく影響を及ぼしたキーパーソンの存在がある。当時の上鳥羽自治連合会長でもあり、2004年からオリンピックを目前の亡くなる直前まで本運営協議会会長でもあった森岡梅次その人である。この計画が持ち上がった際、先述のように、地元住民の多くは反対し、京都市スケートボード協会とも対立していたが、その仲介役を担っていたのが森岡だった。森岡は、地元住民を説得し、同スケートボード協会には地元行事などに積極的に参加するよう促し、地元住民との関係づくりを求めた（「京都新聞」2002年12月31日; 2021年11月6日）。

そして、森岡を説得したのが、当時の市の担当者だった。京都市スケートボード協会の今井によると、市の担当者は、本気で地域の活性化に若者の力

故・森岡梅次が「子どもたちのために」と飾ったこいのぼり　　提供：京都市スケートボード協会

が必要であることを訴え続け、当時の自治会長だった森岡は、それに真摯に応えた。話し合いの場に毎回参加していた今井も、本気でスケートパークの設置に向けて取り組んでいこうという気持ちになったという。同協会のメンバーは、計画段階から開園までの数年間、毎週火打形公園に顔を出し、住民と交流を続けていた。あいさつ回りから地域イベントのお手伝いや地域の子どもと彼らの家で一緒にゲームすることもあったという（京都市スケートボード協会）。

落書き防止のため、京都市出身のアーティスト2名とプロスケーターがアートペイントを施す
提供：京都市スケートボード協会

実際に、こうした公共のスケートボード施設を運営していくうえで、一番問題となってくるのが、誰が運営・管理をするのかということである。同スケートボードパークに関しては、下記の事業経過（図表6-9参照）にもあるように、2003年6月から約10か月間に渡り、地元、京都市スケートボード協会、

施設管理担当の京都市緑地管理課、整備担当の緑政課の間で協議が重ねられた。その結果、京都市スケートボード協会と地元町内会の有志で構成する管理運営委員会が運営を行うことになった（京都市）。

管理運営委員会の構成員は、卯ノ花町内会、京都市スケートボード協会、公園愛護協力会（ボランティア協力隊で公園ごとに存在）からの6名で、会長1名、副会長3名、会計1名、監査1名である。同委員会は自治体から委託され、年間約30万円で、スケートボード広場の施錠管理や清掃などを主に行っている。設置している設備の修理や補修などについては、市が請け負う形で運営されている。補修できる小さなものは、京都市スケートボード協会が補修している（京都市）。

図表6-9 事業経過

2002年	7～9月	地元とスケートボード愛好者の間での意見交換
	9月19日	京都市スケートボード協会（K.SK.A）設立
	10月24日	地元組織としてスケートボード施設の設置了承
	10月～翌年3月	地元とスケートボード愛好者の意見を交えての施設設計
2003年	3月	工事着工
	6月～翌年3月	地元、協会、市管理および施工担当により管理運営に関する協議
	6月	地元、スケートボード協会、施工業者合同の先進事例調査
	10月	第1期工事完成、第2期工事着工
2004年	3月	第2期工事完成
	4月	開園、供用開始

出典：京都市提供資料より著者一部改編

また、京都市スケートボード協会は、土日等の休日を中心に小学生や一般来場者に対して技術やマナーの講習なども行っており、地元での交流を今日まで継続している。清掃に関しても、同協会が、月一度の公園美化清掃活動を行っている。開設以後これまで、利用にあたり、スケーターにはゴミの持ち帰りや地元住民への挨拶などを求め呼びかけてきた（「京都新聞」2021年11月

6日；京都市スケートボード協会)。加えて、利用者へのルールやマナー啓発などもホームページに掲載し、スケートボードのPR活動なども積極的に行っている（京都市；京都市スケートボード協会)。

火打形公園スケートボードパークは、自治体と地域住民とローカルスケーターとが一体となって、完成させたパークである。設置後も、当時の自治会長の森岡自身が同パークに通い、積極的にスケーターに声をかけ続けていたという。危ない滑り方をした者がいれば叱りもするし（京都市スケートボード協会)、いわば愛情を持った親のような存在であり、森岡に信頼と感謝の念を抱く若者は多かったという。

掃除の様子（このときは草抜き）
提供：京都市スケートボード協会

自治連合会を引き継いだ現在の会長である前川勝六も、「……スケーターを信じた森岡さんの思いを伝え、パークを地域活性化に役立てたい」（「京都新聞」2021年11月6日）として、森岡の意思を引き継いでいる。また、同パークの運営管理にも関わっている住民も高齢となったため、毎日通うことは難しくなってきているが、現在でもスケーターらに声がけを欠かさず行っているという（京都市スケートボード協会)。

双方が歩み寄り、相互理解を深めることによって信頼関係を築きつつ、さまざまな決めごとを協議会や運営管理委員会を設置し、話し合いの下で進めていったことが成功へと導いた。なお、京都市は相対的に他の地域よりも自治会が機能しているため、それも少なからず影響を及ぼしているといえる。

京都市の火打形の事例からは、地域住民とスケーターとの信頼関係を築くことが重要であることがわかる。信頼関係の構築には、地域のイベントや活動に積極的に参加し、スケーター自身もコミュニティや街の一員となることと住民側もそれを受け入れ、共に地域を盛り上げていくことが必要になる。そうしたことが前提となって、互いの考え方や文化の違いを理解する姿勢が育まれるのである。そこからスケーターと社会やコミュニティとの共存が始まることがわかる。つまり、人同士の関係性の構築とそこから生まれる信頼関係が重要な基盤となる。

成功した要因には、スケートパークが都市や地域を単純に再生させるのではなく、自分たちの街をつくっていくために、当時の市担当者を含む自治体、地域住民、ローカルスケーターやスケートボード協会（非営利組織）が地域一体で、スケートパークの設置を実現させてきた点があげられる。地域一体で、どのような街にしていきたいのかということを住民自身が考えて相互交流をし、文化の違う若者を受け入れる寛容性がスケートボード文化を根付かせ、結果として地域に賑わいをもたらしたのである。

近所の子どもたちとスタッフ

提供：京都市スケートボード協会

4. 祖師谷公園のスケートボードスペース（東京都世田谷区）—長期に渡る暫定的なスケートパーク

祖師谷公園内のスケートボード空間は、都の公式のスケートパークではないが、同公園内の限られたエリアで利用可能な斬的的な空間となっている（図表6-10）。現在では、土日などの午前中には子どもたちもスケートボードに興じている姿が見受けられる。公園管理者によると、同スケートボードスペースの利用者は平日延べ20名、休日が50名程度であるという。

祖師谷公園は、都市公園として、東京都世田谷区上祖師谷3丁目と4丁目の住宅地のなかに位置した1975年6月に開園した都立公園である（東京都世田谷区上祖師谷3-22-19）。現在は指定管理者の公益財団法人東京都公園協会が運営管理を担っている。エントランス広場、はらっぱ広場、遊戯広場、草木広場、湿生植物園、湧水場、親水テラス、ゲートボールコート、テニスコート、運動広場や花見広場などが併設されており、年間約10万人が訪れる市民憩いの場所となっている。この広大な敷地は、約9.34万㎡（開園当時）で、もともと旧教育大学農場跡地だったところを中心に公園として整備されたものである。まだ、その整備は完了していないということであった（東京都公園協会）。

図表6-10 祖師谷公園内のスケートボードスペース（斜線部分）

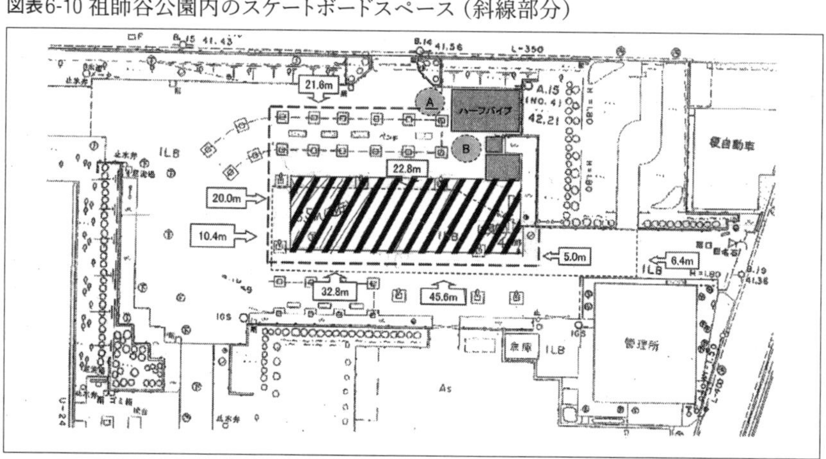

提供：東京都公園協会

平日の午後の様子

祖師谷公園のエントランス広場をスケーターが利用するようになったのが、1998年頃からであった。当時、スケーターとして利用していた片桐宏（祖師谷公園スケートボード協会元会長）によると、その理由として、公園内が舗装され（スケートボード利用目的ではないため、スケートボード仕様ではない）、近隣のスケーターにとっては、比較的スケートボードがしやすい環境になったことがあげられるという。片桐は近所だったこともあり、それ以前の1995年頃からここを利用していたが、当時は拡張工事を繰り返していたため、砧公園などを利用することが多かった。他のスケーターも同様であり、その頃の祖師谷公園ではスケーターの姿を恒常的に見かけることはほとんどなかった。

2000年頃から、スケーターがセクションなどを設置し始め、置いては撤去されということを繰り返していた。そうしたなかで、周辺地域でスケートボードをしていたスケーターたちが口コミで祖師谷公園に10名から15名ほどが集まるようになった[9]（祖師谷公園スケートボード協会）。

祖師谷公園が暫定的なスケートボード空間となったきっかけは、当時同公園を利用していたオーストラリア人スケーターが公園管理者との関係性を築いており、ランプ設置許可を嘆願したことだった。2001年か2002年頃には、祖師谷公園の管理課が許可を出してくれたという。当時はクラウドファンディングのような資金調達法はなく、ランプの設置は利用者（スケーター）などからの募金から賄われ、自前DIYでランプを設置した（東京都公園協会、祖師谷公園スケートボード協会）。

このランプは木製だったことから、数か月に1回は張替をしていたが、1、2年で劣化してしまい、一時使用禁止にもなっていた。修繕しなければ撤去になるため、片桐らが修繕やメインテナンスを始め、2003年に再度、利用者に資金を募り、金属製のランプと交換した（祖師谷公園スケートボード協会）。

その後、苦情などさまざまな問題に対応する必要が生じたため、公園側の提案により共同管理となった。共同管理の大きなきっかけとなったのが次のような住民からの意見であった。スケーターでもあり、メインテナンスしている人が鍵を持って管理していたが、公園という公共空間であるのに、他のスケーターが自由に利用できないのはおかしいという批判的な意見である（東京都公園協会、祖師谷公園スケートボード協会）。

こうした経緯から、スケーターによるボランティアでの管理から東京都公園協会との共同管理になり、資材の提供や9時から17時に行っていたランプの施開鍵も管理事務所が担うようになった。公式のスケートパークではないため、覚書だけ交わした形であったが、これによって、ボランティアで行っていた負担や精神的な負担が減ったという（東京都公園協会、祖師谷公園スケートボード協会）。

DIYのランプ

その後、2015年頃から爆発的に利用者が増加した。背景には、祖師谷公園がシークレットスポット的な雰囲気があったことと、吉祥寺のスケートボードショップの定員でスケーターだった若者が祖師谷公園をロケ地としてスケートボードのビデオを作成したことがあげられる。ヘルメットの強制も入場料もなく自由に滑れる公園ということで、スケーター、特に初心者にとっては魅力的な要素の1つになっていた。そのため、深夜に滑る者も現れ、再び騒音などの問題が生じるようになっていった（祖師谷公園スケートボード協会）。

それ以前はなるべく施錠をしないようにしていたが、再び苦情が寄せられるようになったため、話し合いの機会を重ねて、施開錠をするようにして対応した。なお、18歳以上の成人で、年間5,000円以上のメインテナンス費用を支払った人には鍵を渡し、自分で施開錠する仕組みとした（祖師谷公園スケートボード協会）。

こうした状況や問題をスケーターにも情報共有や情報発信するために、片桐を中心に、2015年に任意団体として、祖師谷公園スケートボード協会が設立された。同組織は、クレームや問題の対応だけではなく、周辺コミュニティへのスケートボードやスケーターに対する理解促進はもとより、設備のメインテナンスが必要である際の呼びかけや伝達、問題などがあれば、それらの情報を共有した。コアなメンバーは約60名で、同公園の利用者数と想定できる（祖師谷公園スケートボード協会）。

また、住民とスケーターが互いに妥協しつつ、コミュニティの一員としてルールを遵守することで、この空間が利用可能であるということも、スケートコミュニティを介して伝えている。ゴミが落ちていれば、スケーターが捨てたものでなくとも、拾うように呼びかけるなどの啓蒙活動も担っていた（祖師谷公園スケートボード協会）。

しかしながら、一部のスケーターによって利用時間の遵守がなされず、深夜などにも滑っていたことから、2020年2月に、それまでは21時まで利用可能であったものを20時までに変更した。しかし、マナーやルールが守られず、近隣からの苦情が多く寄せられたため、翌2021年12月には利用時間が17時までとなった（東京都公園協会）。

それでも違反するスケーターがいなくなることはなく、苦情も継続的にあったため、管理者は防犯カメラを設置し、確認を行うようになった。違反するスケーターがいた場合は、祖師谷公園スケートボード協会に報告し、スケーターに注意喚起するなどして、現在は改善しているという。その結果、スケーターからの利用時間延長の要望もあり、利用時間は季節ごとに異なるように再度見直された。2023年5月時点の利用時間は、3月から5月からは18時まで、6月7月は19時まで、8月から10月は18時まで、11月から2月は17時までとなっている（東京都公園協会）。

スケーターのイメージの改善やスケーターと近隣住民との相互理解促進のために、2021年頃からは、祖師谷公園スケートボード協会主導により、毎月第1日曜にスケーターによる清掃活動を実施するようになった。そこには、協会のメンバーと近所の小学生の親子連れの人たちが参加し、コミュニティ内での交流が自然に生まれている（東京都公園協会、祖師谷公園スケートボード協会）。すでに世田谷区民ではない同協会の元会長・片桐の姿もある。しかしながら、現在は以前より早い時刻で施錠されるため、仕事や学校帰りの若い世代のスケーターの姿も以前と比べて少なくなっており、清掃活動にもあまり積極的でないことが最近の課題としてあげられる（東京都公園協会）。

このように、本章で取り上げてきた他のスケートパークと比べて、規模も小さく、セクションもランプのみであるが、ローカルスケーターが公園管理課と協力し、使用価値を有するパークになっていた。一方で、最近の状況は、コミュニティに関わるスケーターが減少している傾向にあり、課題解決が難しくなるだろうし、そうなると、暫定的なスケートパークでもあるため、消滅する可能性も少なからずあるだろう。

5. スケートボード文化とローカルスケーターのイニシアティブ

長期にわたって市民に利用されてきたスケートボードのパークの事例を考

察してきた。共通する点は、現在も大きな問題はほとんど起こっておらず(あっても解消に向けてその都度、迅速に対応しており)、人々に有用なスケートパークとして機能していたことである。

背景には、スケーターあるいはスケートボードコミュニティが社会との共存に向けて継続的に努力や積極的な関与をしていることが、共通する要因としてあげられる。その1つは、ローカルスケーターのイニシアティブであった。ローカルスケーターやスケートボードコミュニティはそれぞれの地域で合法的にスケートボードが可能な場所を確保するために、自治体に働きかけ、自治体や近隣コミュニティに対して積極的に対話や交流などを行っていた点が共通していた。

同時に、自治体や町会などの地域コミュニティ側は、スケーターと住民の間での調整役を担っているところもあり、調整がうまくいっていれば、問題の解消や緩和だけではなく、地域の活性化につながっていた。換言すると、スケーターのコミュニティへの関わりはもとより、スケートボードを厄介だとして排除するのではなく、理解を示して、問題を解消するための姿勢や意識が自治体や地域コミュニティにも必要とされているのである。

こうした地域一体での取り組みが、スケートパークという文化活動の場所をつくり、結果として、スケートボード文化の創造・形成拠点がつくられて維持され、その結果、地域の活性化にも少なからず貢献するという結果をもたらしていた。特筆すべきは、スケートボードに関連する問題に対しても解消あるいは緩和することにも貢献している点であろう。したがって、ローカルスケーターのイニシアティブや計画への実質的な参加が(使用価値のある)スケートボード文化を基盤としたスケートパークを形成することにつながり、継続的な地域住民との交流やそれを通じた相互理解が地域の活性化や問題の解消に貢献することが示されていた。

【注】

1　現在の指定管理者である東京都公園協会は2014年4月1日から管理者となっており、それ以前は別の指定管理者が管理していた（東京都公園協会）。

2　いろいろな呼び方があり、「プレイボード」や「くねくねボード」ともいう。

3　よこすかseasideパートナーズは、西武造園（株）、イオンディライト（株）、（公財）マリンスポーツ財団、（株）不二テクノ、（株）ウェーブマスターの共同事業体で構成されている。

4　2021年度までは、別の団体が指定管理者となっていた。

5　現在京都市北部にも要望があり、スケートパークの設置が検討されている。

6　京都駅から竹田駅までは近鉄京都線で4駅、6分程度。

7　3mのクォーターバンク、フラットバンク、バンクtoバンクなどが楽しめる。2023年9月時点において、さらにスケートスペースを拡張予定である。

8　一般社団法人は2023年4月からであり、その前身は任意団体の京都市スケートボード協会である。

9　その頃の世田谷周辺のスケーターの一部は馬事公苑の前のツタヤの前の並木道などに約20名から30名が集って楽しんでいたという。

【参考資料】

京都市提供資料
京都新聞（2002年12月31日）「公園内にスケボー施設」
京都新聞（2021年11月6日）「京都市がスケボー練習場充実へ」
神戸市提供資料
清水麻帆（2022年1月26日）「駒沢を「スケボーの聖地」に押し上げた地元スケーターたちの熱き歴史をご存じか 」アーバンライフメトロ
鈴木秀隆（1994年12月19日）「騒音ゴロゴロ苦情殺到」神奈川新聞
東京都公園協会提供資料
横須賀市提供資料

【取材協力】

一般社団法人京都市スケートボード協会
京都市役所
神戸市役所
駒沢公園アクションスポーツスケーター団体
祖師谷公園スケートボード協会
公益財団法人東京都公園協会（駒沢オリンピック公園事務所・祖師谷公園事務所）
横須賀市役所

第7章

日本の事例研究～東京2020オリンピックの契機

提供：ナイキジャパン

本章では、東京2020オリンピック開催地として決定した2010年以後に設置された公共のスケートパークとその他の私営のスケートパークについて取り上げ、第6章と同様に、アクター（の関係性）と形成プロセスや運営管理について考察する。

取り上げているスケートパークは、村上市スケートパーク、北九州スケートボードパーク、暫定的に開設されていたTOKYO SPORT PLAYGROUND SPORT × ART、沖縄市のSKATE CLUB ORION、そして花巻市のDprtment Skateshop Parkである。これらは、公設と私設、規模などの条件が異なる。

これらを通じて、第6章で取り上げたスケートパークとも比較・検討しつつ、共通する普遍的な条件について検討する。

1. 公共スケートパーク

(1) 村上市スケートパーク（新潟県村上市）
—横乗り文化を根付かせた地方都市

新潟県村上市は、スケートボード文化だけではなく、もともとあったスノーボードと共に、横乗り文化が根付いた都市になりつつある。また、村上市は、北京2022冬季オリンピックのスノーボード男子ハーフパイプ部門において金メダリストを獲得し、東京2020オリンピックの男子スケートボードのパーク部門に出場した平野歩夢（ひらのあゆむ）選手の地元でもある。

そうした場所にある村上市スケートパークは、2019年4月に公共の屋内スケートパークとして開園し、市の生涯学習課スポーツ推進室が所管しているパークである（新潟県村上市瀬波温泉3-2-22）。同スケートパークは、日本海に面した瀬波笹川流れ粟島県立自然公園内に位置し、公園種別は第3種特別地域の区分に分類される。敷地面積が約1.7万㎡、建物面積が約1,985㎡、1階にアリーナと呼ばれるスケートパークやボルダリングなどの施設、2階には、スラックラインやトレーニングマシンなどを配置したトレーニングコーナーとランニングコースが配置されている[1]（村上市）。

スケートパーク（アリーナ）の利用者数の割合は、市内、市外、県外がそれぞれ同等となっている。市内が全体の約34％、市外と県外を含めた域外からが約66％を占めており、遠方からも訪れる施設になっている（図表7-1参照）。実際に、約5.5万人の人口の同市に対して、スケートボードエリアの利用者数は、年間1万から1.5万人にのぼる（村上市）。同市人口における約27％に当たる人たちが利用していることになる。

利用者の多くが18歳以下である。2022年度の18歳以下の利用者は全体の74％を占めていた。その背景の1つには、現在、スケートボードが同市の習い事の1つとして根付いていることがあげられる。実際に、同スケートパークでは、スケートボードの普及事業として、初心者体験教室や中級者を対象にしたミドルスクールを毎週開催し、毎回30名から50名が参加している（村上市）。初心者教室の年間参加者数の延べ人数は1,000名を超えており、2021年以降は、市内の参加者数の方が市外の2倍以上にも及んでいる（図表7-2、7-3参照）。

図表7-1 村上市スケートパークの利用状況の推移

	2019	2020	2021	2022	2022年度内訳				
					市内	市外	県外	大人	小人
アリーナ	10,363	9,875	10831	15,154	5,077	4,739	5,338	3,976	11,178
トレーニングコーナー	3,158	2,065	2,353	2,856	1,581	834	460	799	2,076
ボルダリング	5,656	3,000	3,478	4,005	2,097	1,288	620	866	3,139
ランニングコース	1,503	805	1,682	4,066	1,965	682	1,419	2,515	1,551
多目的コース	0	697	1,912	1,640	814	595	231	420	1,220
施設合計	20,680	16,442	20,256	27,740	11,534	8,138	8,068	8,576	19,164
（構成比）					41.6%	29.3%	29.1%	30.9%	69.1%

*休館日（新型コロナ感染症等）2019年53日、2020年61日、2021年36日

出典：村上市提供資料より著者一部改編

図表7-2 初心者体験教室の状況

	回数	延べ人数（人）	市内（人）	市外（人）	備考
2019	40	1636	894	724	毎週水曜日開催
2020	43	1041	635	406	毎週水曜日開催
2021	42	1366	950	404	毎週水曜日開催
2022	49	1312	907	405	10月から毎週火曜日開催

出典：村上市提供資料より著者一部改編

図表7-3 ミドルスクールの参加者の状況

	回数	延べ人数（人）	市内（人）	市外（人）	備考
2019	25	184	37	147	毎週土曜日開催
2020	33	436	214	222	10月から毎週水曜日開催

出典：村上市提供資料より著者一部改編

スクールの様子　　提供：村上市

村上市スケートパークにはパークとストリートのエリアが設けられている。パークの方には、1.8mから3mまでのボウル（おわん）型とレイバックバンクが、ストリートの方には、4段と8段のステア（階段）、ボックス、バンク、アールバンク、レッジ（2つ）、レール（3つ）、クォーターランプが設置されている（図表7-4参照）。また、屋外には、バーチカルランプとミニランプが設置されている。

利用時間は9時から21時で、スケートボードエリアの利用料金は、大人500円、小人200円に設定されており、時間制限は設けられていない。屋内であり海に面しているため、騒音などの問題もなく、夜の21時までと遅くまで利用可能で、利用しやすい環境が提供されている（村上市）。

同施設の運営管理には、市から委託された村上市にある日本スケートボーディング連盟[2]が行っている（指定管理ではない）。同組織は、ライセンスとして「Japan 3S Academy（通称JSA）」を発行し、その保持者に限り、先述のバーチカルランプの使用を許可し、それによって、人材育成や安全性の確保を推進している（村上市）。

図表7-4 パークとストリート

提供：村上市

同スケートパークが設置された背景には、前身の日本海スケートパークの老朽化と東京2020オリンピックでスケートボードが正式に競技種目になったことがあげられる（村上市）。日本海スケートパークは、当時使用されていなかった1966年設立の旧村上市民会館を屋内スケートパークに利活用して、2003年から民間で運営していた施設であった。この施設は屋内のため季節や気候に左右されない環境があり、2014年にソチ冬季オリンピックのハーフパイプで銀メダルを獲得した平野歩夢選手もここでトレーニングを行っていた（村上市）。

また、スケートボードが東京2020オリンピックの公式競技種目に選定された背景もあり、前村上市長の大滝平正が、「村上市をスケートボードのメッカにするために日本スケートパークを改修する」ことを指示したという。改修ではなく、新たな施設建設になったのは、建物自体が1966年に設立されたものだったため老朽化し、安全対策や広さ、衛生設備など多くの問題があったからである。新たな施設とする際のアリーナのデザインは、アメリカ企業であるカリフォルニアスケートパーク社に依頼し、同企業が監修している。そのため、地元スケーターなどの関与は特にないという。こうして建設された施設は、2022年3月にスポーツ庁長官より、スケートボード競技のナショナルトレーニングセンター強化拠点施設に指定された（村上市）。

屋外バーチカルランプ　　提供：村上市

2019年には、大韓民国ローラースポーツ連盟やインドネシアナショナルチームの強化合宿、2021年には、東京2020オリンピック競技大会スケートボード日本代表事前キャンプ、そして、2022年8月には、スケートボード強化指定選手夏期合宿が行われた。大会なども同スケートパークで何度か開催されており、2022年には、第5回マイナビ日本スケートボード選手権大会が開催され、134選手が参加した（村上市）。

村上市によると、同スケートパークの役割を以下の4つとしている。ジュニア選手とトップアスリートの育成・強化、スケートボードの合宿や大会の国内拠点、同スケートパークを拠点としたスポーツ振興施策の構築、そして、スポーツツーリズムを通じた交流人口の拡大と地域経済の活性化である（村上市）。

このように、メダリストを輩出した横乗り文化の基盤が根付いていたことと、スケートボードがオリンピックの正式種目に決定したことが、スケートパークの方向性や設置に影響を及ぼしていたといえる。オリンピック競技、つまりスポーツの1つとしてスケートボードを強化し、スケートボードを介して、地域や地域周辺のスケートボード人口の裾野を広げつつ、オリンピック選手などのトレーニングの拠点として有効に機能していたといえる。

一方で、観光振興や地域経済の活性化については今後の課題であろう。オリンピック選手などの強化拠点施設に方向づけられているため、海外からの受け入れなどの際に、選手に対して城下町である歴史文化を生かした観光などもPRし、観光と関連づけることも可能だろう。

村上市は、スケートボードを習い事の1つとして昇格させつつ、スポーツとしてのスケートボードや人材輩出に重点を置いた政策を講じている。村上市スケートパークを起点として、コミュニティに根付いたスケートパークが点在することにより、スケートボード文化が醸成されたスケートボードシティあるいは他の地域や都市を巻き込んだスケートボードエリアを目指すことが可能になるだろう。

屋内で滑るスケーターの様子
提供：村上市

(2) 北九州スケートボードパーク（福岡県北九州市小倉北区）
―市内唯一の公共パーク

北九州スケートボードパークは、北九州市が所管する福岡県北九州市小倉北区の海沿いに面した延命寺臨海公園内に位置している（福岡県北九州市小倉北区赤坂海岸1）。同公園自体は1975年3月に近隣公園（種別）として開設されたもので、当時の面積は2万4,755㎡であったが、2019年3月24日にスケートパークとバスケットボールコーナーおよび多目的広場が開設され、現在では2万

7,996㎡に拡張している。同スケートボードパークにはセクション（競技用の構造物）、ボウル（おわん型施設）、バンク（斜面）、ステア（階段）などが設置されている。なお、設備が対応していないため、BMXは利用不可となっている。

図表7-5 延命寺臨海公園の位置

出典：北九州市建設局公園緑政課提供資料より著者一部改編

出典：北九州市上下水道局下水道部
公式YouTubeチャンネル

北九州スケートボードパーク　　　　　出典：北九州市上下水道局下水道部　公式YouTubeチャンネル

北九州スケートボードパークの様子

使用に関しては、一般利用者は無料で、基本的に利用可能日は、土日祝日の10時から18時までとなっている。詳しくは後述するが、サポーター登録者は有料であるが平日も利用可能で10時から22時まで利用することができる。年間利用者数は、2020年度が約1万人だったのが、次年度には5,000人以上増加しており、需要が高まっていることがわかる。背景の1つには、北九州市内の公園に設置されている唯一の公共スケートパークであることがあげられよう（北九州市）。

同パークが設置された背景には、京都などと同様に、市民側からとスケーター側からの要望があったことがあげられる。市民側からは、市内の別の公園や小倉駅周辺の歩道などでスケートボードをしており、危険だという苦情がその頃にはすでに寄せられていたのと同時に、スケーターも自由に滑れる場所を求めていた（北九州市）。

そうしたなかで、スケーターの一部が正式に市に要請するため、北九州スケートボードパーク協会という団体を設立し、2015年8月に市議会議員を通じて正式に市に要望書を提出した。この一連の活動においても、北九州市建設局公園緑政課は協会設立の規約などについても話し合いをしつつ、同協会と一緒に決めていった。その後、北九州スケートボードパーク協会は、市のイベントなどにも実行委員として積極的に関わり、スケートボードのデモンストレーションを披露するなど、市や市民との関係性を築いていった。こうしたスケーターらの熱意が市職員などにも伝わり、スケートパーク設置につながったのである（北九州市）。

北九州市の緑政課によると、まちなかの公園は、騒音や危険性を考慮すると設置が難しい。そのため、もともと埋立地で、周辺は工場地帯でもあり、臨海側と国道199号線側に面し、住宅地からはある程度距離のある、市所有の未利用地として、現在の延命寺臨海公園内が検討された[3]（北九州市）。自治区や地元の理解が得られたことで、2018年3月に駐車場整備などと併せて拡張再整備を始め、2019年3月に開設された（北九州市）。

同時に、市は、数年間をかけて、スケートパークの管理運営について北九州スケートボードパーク協会と協議を重ねた。管理運営については、都市公園法第5条第1項に基づき、市が管理許可を北九州スケートボード協会に付与し、同協会が行うこととなった。その際に、市は北九州スケートボードパーク協会と共に管理運営の仕組みを話し合い、要綱を作成し、2019年3月11日から施行して運用している（北九州市）。

具体的には、市は基本的に先述のように、管理許可を同協会に付与し、同協会は市に対して、運営報告や管理運営を超えるような苦情があった場合の調整を依頼することが義務付けられている。運営管理における主要なものは、鍵の施開錠、エリア内の清掃・施設の安全点検（破損等の市への連絡を含む）・小修繕、そして、利用心得の周知・指導・問い合わせ対応、サポーターの運営である（北九州市）。

公園から見える工場

サポーターの運営とは、利用者をサポーターとして位置付け、一部利用料を負担するものである。たとえば、公共空間としてのスケートパークのため、土日祝日に利用する一般利用者は無料であるが、平日の利用者はサポーターとして、大人3,000円、小中学生以下は2,000円を年間利用料（管理費支援費）として支払う。なお、小学生未満はいずれも無料に設定されている。日常的に平日利用しない人たちのために、ワンデイサポーターという制度も導入し、1日（10時から22時まで利用可能）登録制で300円支払えば利用できるサービスも提供している（北九州市）。

同サポーター制度は、サポーターがパークのナンバーキーの施開錠を自ら行うという管理支援でもあり、スケーターによるコミュニティで管理されている仕組みである。これは他のパークでも同様であるが、地域のスケートボード協会はスケーターの一部によってボランティアで運営されている組織がほとんどであるため、大半の人は仕事を持ち、平日の施開錠が難しいという環境にある（北九州市）。そのための運用方法の1つでもあるといえる。

北九州市が作成した貯留管のなかでのスケートボード映像の一部

出典：北九州市上下水道局下水道部　公式YouTubeチャンネル

また、任意ではあるが、大会やスケートボード教室などを開催し、利用を促進することが運営責任の1つとされている。市によると、スケートボード教室（スクール）は、開設以後、月2回程度開催されており、小学生を中心にして、毎回20～30人ほどが参加しているという。また、2020年11月22日には、「正々堂々」というスケートボードコンテストも開催された（北九州市）。

近年では、北九州市が策した豪雨対策事業のPRのための動画にスケートボード選手を登用するなどしている。この動画は、小倉北区で建設を進めている「昭和町雨水貯留管」のなかをスケートボードで滑走する動画で、災害やその対策に対する若者の関心や意識を高めることにも一役かっているようである。こうした一連の市の対応は、オリンピック後であることも影響を及ぼしているだろうが、柔軟さや寛容さがみてとれる。

2. 私設（私営）スケートパーク

(1) TOKYO SPORT PLAYGROUND SPORT×ART（東京都江東区）—惜しまれた暫定的なスペース

2022年9月に惜しまれつつ閉園したTOKYO SPORT PLAYGROUND SPORT×ART（トウキョウスポーツプレイグラウンド スポーツ×アート）は、2020年10月に豊洲に暫定的に開園した総面積6,995.46㎡の場所に、バスケットやランニング、スケートボードなどが無料で楽しめる空間であった（東京都江東区豊洲6丁目4-1）。同施設の利用時間帯は、平日14時から20時、土日祝日9時から20時[4]で、相対的に夜遅くまで利用可能な利便性も良い遊び場であった。この空間は、土地所有者として東京ガス株式会社、企画・運営を三井不動産レジデンシャル株式会社、空間デザインやイベント企画・運営をナイキジャパングループ合同会社（以下ナイキジャパン）の3社が関わってつくられたものであった[5]。

同施設の特徴は、環境に配慮した先進的なコンセプトやデザインが実践、採用されていた点にある。デザインを担当していたナイキによると「パーク全体のフロアや施設の内装材、アスファルトに至るまで、あらゆる建材に廃材やリサイクル可能な素材を使用している」ということであった。その材料となっているのが、ナイキの工場からの余剰廃材や廃棄された使用済みのナイキのシューズなどであり、同施設のフロアの一部に再利用されていた。フロアの色彩には、ナイキの各年代を代表するシューズの歴史が色によって表現されているため、鮮やかな遊び場になっていた（図表7-6参照）。

同施設は、もともと1年間の予定で暫定的に運営されていた。新型コロナウイルス感染症蔓延の禍中のため、事前予約制となっていたが、予約が取れない日もあったという。閉園が近づくにつれて利用者から惜しむ声が上がり、署名活動につながった。その結果、1年間運営が延長され、惜しまれつつも、2022年9月に閉園した（ナイキジャパン）。

余剰廃材　　　　提供：ナイキジャパン

同スケートボードのスペースの特筆すべき点は次の3点であろう。まず、ストリートの要素を凝縮しつつ、初心者から上級者まで幅広いレベルのスケーターが一緒に滑って楽しめる空間となっている点である。また、スケートボ

図表7-6 TOKYO PLAYGROUND SPORT×ARTのデザインの着想

NIKE AIR RAID

Air Raid Court

NIKE LAVA HIGH

ACG Adventure

NIKE CORTEZ

Cortez Track

提供：ナイキジャパン

ードのスペースには、子どもたちだけではなく、車椅子の人たちも楽しめる回転遊具なども設置され、多様性のあるインクルーシブな空間づくりがなされていた。そして、日本の他のスケートパークとは異なり、フェンスがない点が特徴的である。これは、第2章でも触れた、スケートプラザのコンセプトを背景とした開放的な設計・デザインとなっているためである。バスケットボールやランニングのスペースなどと隔てるものは何もなく、多様な人々を受け入れ、交流できるインクルーシブな施設となっていた。

スケートボードのスペース

日本のほとんどのスケートパークにフェンスがあるのは、スケートボードが外に飛んで行くことなどの危険性や事故の発生を想定あるいは考慮しているためであるが[6]、先述のように海外では、フェンスの無いスケートプラザが主流となっている。それは、フェンスが無くとも、安全性が確保できうるデザインで設計され、多様な人々に開かれたスペースなっているためである。そうしたデザインでつくられたものが、同パークであり、オレゴン州ポートランドにあるインクルーシブ・プレイグラウンドのデザインをサポートする非

上から見たスケートボードスペース　提供：ナイキジャパン

営利団体「ハーパーズ・プレイグランド」とナイキが担当したという（ナイキジャパン）。

実際に、スケートボードが外に飛び出さない設計とともに、滑走場所の周りの一部や中央部分には人工芝が敷かれ、スケートボードがそこから外に出ないようにも設計されていた。そのため、付き添いの人々はフェンス越しに見るのではなく、スケートボードスペースの中央部分や周辺の人工芝の同じ空間で見ることが可能な仕様になっていた。

その他、プレイグラウンドには、1周280mのランニングトラック、バスケットボールコート、ジャングルジム、クラブハウス、テラス、中央には広場があり、そこではダンスやヨガなどができるスペースや他にも子どもが自由に遊べる多様な遊具なども設置されていた。遊具はさまざまで、丸太や立体的なクライミングもできる仕様のジャングルジム、マンガ・アニメ「ドラえもん」の空き地に描かれている土管のような大きな筒が3つおいてあるなど、創造性を豊かにする遊び心のある遊び場がデザインされていた。また、クラブハウスには、オールジェンダー用トイレや車いすの方が利用可能なシャワールームも完備され、先述のようにインクルーシブなデザインとなっていることがわかる。

こうした多様な人々を想定したインクルーシブな空間として、スケートボードを含む遊び場がつくられた背景には、豊洲エリアが埋立地の新しい再開発地区のため、もともとの地元住民がいないことから、自然に交流できるコミュニティの拠点となるようなスペースが必要とされたことと、オリンピック会場の近隣ということでオリンピックを後押しするという意味合いがあり、スポーツグラウンドとなったことがあげられる。そのなかの1つがスケートボードスペースであった（ナイキジャパン）。

当時、豊洲近隣にはスケートパークがなく、スケートボードが禁止されている豊洲ぐるり公園や豊洲の街中、運河沿いなどでスケートボードをしているスケーターがいたため、暫定的なものにもかかわらず、当初この計画には反対があったという。しかし、いざ始まってみると、会期中は、このパーク周辺での夜間のスケーターは減少し、ほとんどいなかった（ナイキジャパン）。これは、スケートボードコミュニティが啓蒙活動や情報共有を積極的に行ったことや、イベントを企画主催していたナイキジャパンも、親子や若者のスケーターに対してスケートボードのマナーの順守などを含めたイベントなどを実施していたことがあげられる。

同施設は公設の公共施設ではなかったが、無料で誰でもアクセス可能であり、自由に創造性を発揮でき、仲間と楽しめ、その他の人たちとも交流できるインクルーシブな空間にデザインされていた。多くの広範な人々がアクセスできる創造的な空間があれば、スケートボードあるいはスケーターと社会

プレイグラウンド全体　　提供：ナイキジャパン

土管のような遊具

中央ステージ|
ジェンダー区別なく上がれる土俵が設置されている

とが物理的にも壁のない開かれたコミュニティに存在することとなり、自然に交流し、スケーターと社会との共存という状態に近づくことができるだろう。

なお、この他にも、現在ナイキは世界においても、「WHY SO SAD？」プロジェクトや「SKATE LIKE A GIRL」の支援など、スケートボードという遊びを通じた社会包摂や社会課題の解決に貢献するためのプロジェクトを推進している。スケーターがイニシアティブを取って活動しているものを支援している活動でもある（ナイキウェブサイト）。

スケートボードに関連したスケーターの社会活動を直接的・間接的に支援する企業や自治体あるいは自治会などの理解があって、スケーターと社会との距離を縮め、共存できる機会を増進するのである。

国際女性デーに集まったキッズガールズスケーター　提供：ナイキジャパン（pp.168-173）

TSP Block Partyのスケートセッション|
メンズ部門 2022年9月開催

レッジと呼ばれる階段横の棚を使いトリック

バンクを使いトリックを決めるスケーター

個人パフォーマンスを披露する場所でもある

トリックの難易度、高さ、スピードは、自分への挑戦

トリックを撮影し合いソーシャルで共有

お互いを讃え合うスケートボーディング文化

果敢にフリップ（板だけを回転させる）に挑戦する
ガールズスケーター

(2) SKATE CLUB ORION（沖縄県沖縄市）
—ショークラブからコミュニティの拠点へ

スケートクラブ・オリオンは、歴史的にアメリカ文化が残っている沖縄県本島中部に位置する沖縄市の中心市街地コザに立地する私営の屋内スケートパークである（沖縄県沖縄市中央3-15-4）。同パークは、2021年1月にプロスケーターである才哲治を中心としたローカルによって創設された。才は、スケートボードファンデーション沖縄の代表や沖縄県ローラースポーツ連盟の理事を兼任しており、東京2020オリンピックのナショナルスケートボードチームの強化スタッフ（コーチ）としても参加していた人物である。

スケートクラブ・オリオンを開園する以前は、その向かいの場所に「KoZa SK8 Ramp（コザ・スケート・ランプ）」というスケートパークを2019年6月か

ショークラブの雰囲気が残るスケートクラブ・オリオンの看板と入り口（上）と店内の様子（下）
提供：スケートクラブ・オリオン

ら運営していた。ここは、現在の場所よりも少し手狭で、セクションはミニランプしか設置されていなかったが、近隣の子どもたちが遊びに来るようになり、それを沖縄の「おじい」や「おばあ」が見るのを楽しんでいたという（スケートクラブ・オリオン）。スケートボードの遊び場の提供が広範なコミュニティの人々の拠点となり、子どもたちの居場所や沖縄文化やスケートボード文化の文化的価値を生み出す空間と変容していたのである。

こうした光景を目の当たりにした才は、スケートボード環境を改善し、スケートボード界はもとより社会やコミュニティの発展につなげたいと感じるようになり、より広い場所で地域の人々が喜ぶような施設の運営を模索し、近隣の人たちに相談をしていたという。そうしたなかで、コザ・スケート・ランプの真向かいの「ショークラブ・オリオン」の店舗跡地を地元の人に紹介されたという（スケートクラブ・オリオン）。

ショークラブ・オリオンは、1973年に日本人経営者がフィリピン出身の女性を雇用して営業を開始した店であったが、閉店後から20年以上も空き家となっていた。それ以前のベトナム戦争時も、外国人向け、つまり主に米軍関係者向けのショークラブであったことからも、ある意味、歴史的背景のある空間でもある。その空間を利活用してDIYスケートパークを整備した。

象徴的なショークラブの看板はコザでは有名であり、そのまま残して改修しているという。また、もともとあったカウンターは小さくして再利用し、剝がした床や壁紙は、額縁に入れて飾っている。こうした歴史的価値や文脈的価値がスケートパークのなかで継承されているのである。そのため、ショークラブ当時に通っていたコザの「おばあ」や「おじい」、元米軍の人などが懐かしいといって店に来るようになったのである。また、ミラーボールも、コザで有名だったディスコクラブ「ピラミッド」で使用されていたもので、地域の人から譲り受けて飾られている。スケートクラブ・オリオンで沖縄市の人々のさまざまな記憶が継承されている。

改修にあたり、クラウドファンディングを活用して134.5万円を賄った（キャンプファイヤー）。目標金額の半分ではあったが、地元の人々や利用者からの寄付や廃材の提供などの支援があったことで、無事スケートクラブ・オリオンを開園するに至った。ペンキ業者やコンクリート専門業者が当日余ったものを提供してくれたり、工具を持ってきてくれたり、左官の人がボランティアで手伝ってくれたりした（スケートクラブ・オリオン）。こうした物資の提供や財政的な支援だけではなく、才らが目指すコミュニティの拠点となるような施設にすることに地域の人々が理解を示してくれていることが開園できた最大の要因であったという。

新たな空間へと変容したスケートクラブ・オリオンは、コザの中央パークアベニューに位置している。ここは、1950年に米軍協力の下で商業地区として沖縄市によって開発が進められ、地域内より域外の人たちが多く商売をしていた場所でもあった。そうした場所には、1960年頃には、多くのバーやキャバレー、そして飲食店などが道の両脇に立ち並んでいた（波平2006, p.32）。当時はセンター街と呼ばれ、米軍基地の関係者で賑わっていた遊興街であった。現在でも、白いアーケードにヤシの木が立ち並ぶ商店街として現存している。

その背景には、沖縄市コザが基地のまちであることがあげられる。換言すると、良くも悪くも影響を受け、基地経済に依存して発展してきた街である。実際に、同商店街は米軍関係者が減少し、パークアベニューの商店街は、ゴーストタウン化し衰退していた時期もあった。一方で、現在も沖縄市の面積に占める基地面積の割合は約34％（沖縄市 2019,p.17）を占めている。

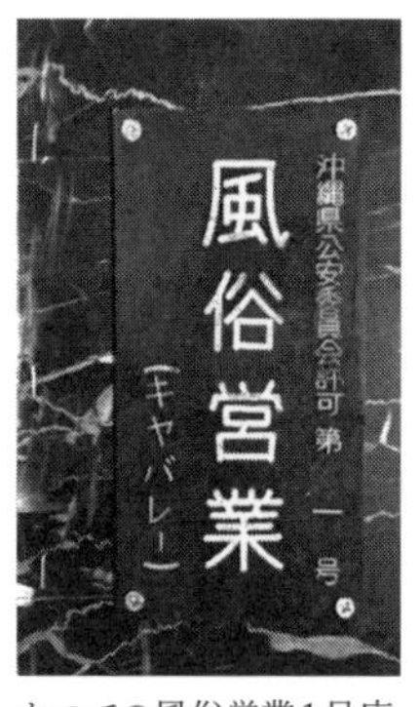

かつての風俗営業1号店の許可証

ミラーボール

提供：スケートクラブ・オリオン

スケートクラブ・オリオンはこうした歴史が垣間見られる貴重な空間である。当時、米軍側が「Aサイン（エー・サイン）」という飲食業者に対する許可制を講じていた。衛生・風紀・治安維持などの名目の下で、許可を得るためには多額の出資が課せられていたという（波平2006,p.33）。Aサインの許可書ではないが、スケートクラブ・オリオンには、沖縄県の公安委員会が風俗営業を許可した1号店として、その許可書が現在もパークの片隅に飾られている。

1階と2階の延べ床面積は約160㎡あり、1階はバンクや高さ1.2m・幅4mのクォーターランプなどのストリートセクションを中心とした仕様に改装され、ショークラブのオーナーがかつて居住していた2階にはコザ・スケート・ランプで使用していたミニランプを設置、中2階には休憩スペースなども設けられている。DIYのスケートパークのため、劣化などもよく見つかり、補修し続けている。最近では、以前は使用していなかった屋上にスラッピーを設置した（スケートクラブ・オリオン）。

スケーターである才を中心としてデザインしたスケートパークは、子どもから大人まで、初級者から上級者まで、多様なスケーターが想像力を掻き立てる空間になっている。利用料金は、一般1時間100円、高校生以下は無料、女性は1日あたり200円の設定となっている。20時以降は、1階ではカフェ・バーが営業されており、スケートボード利用時間は、14時から22時となっている（2023年6月時点）。ただ、利用時間は柔軟で、営業時間でない午前中などの時間帯でも人がいて入り口が開いていれば、利用してもらっていると才はいう（スケートクラブ・オリオン）。私営ではあるが、公共性の高い、そして使用価値の高いスケートパークであるといえよう。

注目すべきは、スケートパークではほとんど見かけない本棚が設置され、絵本や図鑑など子どもたちが持ち寄った図書を置いておくスペースがあることだ。才自身は将来的に学習スペースなどを設けて、児童館や学童クラブの機能を持つ空間にしていきたいという。実際に、ここを利用する中学生などは、熱中できることに出合え、さまざまな人に関わりを持てたという。こうした子どもたちは地域の人にスケートパークのことを知ってもらい、親しみを持ってもらおうと、地域新聞などをつくり、入り口に掲載している。

このように、スケートクラブ・オリオンは中心市街地という好立地であると同時に、屋内という気候に左右されない環境にあり、利便性が高いスケートパークである。コミュニティの拠点としても機能し始めている。現在では、スケートボードをしない中高生も集まるようになっており、放課後の居場所となりつつある。注目に値するのは、現時点（2023年6月）において、パークアベニュー商店街では、空き店舗がない状況であり、スケートクラブ・オリオンがコミュニティの拠点としての役割を担うことにより、少なからずコミュニティが活性化し始めているととらえられる点である。

ローカルスケーターを中心としたこうした活動が、地域の活性化や再生への活力や、若者が地域に関心を持つきっかけにも少なからず影響を及ぼすことになるだろう。また、沖縄文化や沖縄市のアメリカ文化及び歴史を語り継ぐ役割も果たしているといえる。

補足として、沖縄市内の公設のスケートパークについても触れておこう。沖縄市公園みどり課で管理し、スケートスペースを有している施設は、白川公園、美里公園、マンタ公園の3つとなっている。マンタ公園はこれら3つの公園のなかで一番早くスケートボード利用可能な場所として1999年から開放されているが、セクションなどの設備は設置されておらず、所謂スケートパークという場所ではないが、公的に滑ることのできる場所の1つである。これに対して、美里公園が沖縄市内で初めてセクションが設置されたスケートパークであり、2001年から開園している。ここには、クォーターパイプやバンク・トゥ・バンクが設置されている。その後に白川街区公園が利用可能となった（沖縄市）。

沖縄市は面積が沖縄県内の他の自治体よりも相対的に広いことも関係しているかもしれないが、1990年代にはすでにスケートボード利用可能な公園があったことや同時期に市内にスケートボードエリアを持つ公園が3か所あったことは、アメリカ文化が根付いていたことが少なからず影響していたといえる。これらの公園では、スケートボードの利用可能時間は、9時から20時となっており、利用者の多くは20代の相対的に若い層が多いという（沖縄市）。

(3) Dprtment Skateshop Park（岩手県花巻市）
—継承される花巻市民の文化拠点

岩手県花巻市に、2018年にスケートボード文化の拠点となる場所ができた。花巻市民にはよく知られた市内中心部に位置していた「マルカン百貨店」という元ローカルデパートの地下1階である。現在はマルカンビルとして、外観はそのままに改築されて再開している。再開にあたり、地下1階に、私営のスケートボードショップにパークが併設された「Dprtment Skateshop Park（デパートメント・スケートショップ・パーク）」が開業した（岩手県花巻市上町6-26-2 B1F）。当時、岩手県内では、スケートパークがほとんどなかったため、花巻市には域外や県外からもスケーターが来ていたという。また、屋内のため、冬に積雪がある花巻市では天候に左右されず、年中スケートボードを楽しめる貴重な空間となっている。

市の中心部に立地する元マルカン百貨店の地下1階にスケートボード空間が生まれた背景には、まず、2016年3月上旬に閉店が発表された後、地元の花巻

マルカンビルにある
スケートパーク併設の
ショップ

提供：㈱上町家守舎

北高校の生徒らが6階にある大食堂存続のために署名活動を始めたことがあげられる。マルカン百貨店は、1973年に現在の花巻市上町で営業を開始してから、2016年6月7日に43年の歴史の幕を閉じるまで、地下1階、地上8階建ての花巻市民なら知らないものはいないローカル百貨店であり、花巻市の象徴的な存在でもあった(「産経新聞」2016年4月17日;「日本経済新聞」2016年9月1日)。

マルカンビル(元マルカン百貨店)の外観　　提供:㈱上町家守舎

こうした社会の動向から、地元企業である株式会社花巻家守舎は建物全体の運営引き継ぎを申し入れて「マルカン大食堂運営存続プロジェクト」を立ち上げ、事業の実現のために株式会社上町家守舎を設立した。生徒らが集めた署名も、約9,000名にのぼり、地元事業者を含めた市民の要望とともに関係各所と協議を重ねて、2017年2月20日に再びマルカンビルとして開館した。マルカン大食堂はそのまま存続となり、店舗名を「マルカンビル大食堂」として再出発したのである。マルカン百貨店の目玉メニューの1つであった高さ25cmの10段巻きソフトクリームも継続販売されている(岩手移住計画 2017)。

マルカンビル大食堂の復活前後に、花巻スケートボード協会代表の佐々木大地から空きフロアをスケートボードの拠点にできないかという相談が上町家守舎代表の小友康広の方にあったという。連絡を受けてすぐに、屋上、2

階、地下1階で実験的に滑ってもらったうえで議論を行い、環境・条件的に地下1階が適していると判断した。その後、設計士と佐々木との協議のもとでデザインを進め、2017年3月27日には図面がすでにできあがっていた。同年11月末に、建築基準法などをクリアする方法などを議論し、2018年3月初旬に、事業者側である上町家守舎が本格的に事業を進めることを決定した（上町家守舎）。

名物の10段巻きソフトクリーム

閉店するマルカン百貨店への市民による寄せ書き

提供：㈱上町家守舎

2018年5月から花巻市スケートボード協会などのメンバーを中心として、DIY作業が始まった（上町家守舎）。改装は、最初の段階からローカルスケーターらを中心として飲食店や音楽を介した協力者など、花巻市内外の多くの人の協力の下で実現した。もともとはスーパーが入居していたため、それらを片付け、スケートボードに適した床にするため、寝る間を惜しんで、床を剝がし、路面を掃除したという。そうした労力をかけてでもつくりたかった背景には、スケートボードはもとより音楽やアートを通して集まったローカルスケーターらが欲しいと思っていた場所を自分たちの手で団結して実現したかったことがあげられる。こうして再生したマルカンビルの地下1階部分に、デパートメント・スケートショップ・パークが2018年12月に開園した（FM One 787 2021年6月25日）。

同スケートショップ・パークは、上町家守舎が花巻スケートボード協会に委託して運営されている。上町家守舎が事業としてスケートショップ・パークを進めた背景には、次の3つがあげられる。まず、同企業が掲げているビジョンが「上町エリアを花巻の産業が育つまちにする」ことであり、花巻スケートボード協会の活動を通じて、花巻の文化としてスケートボード文化が根付いていると認識した点がある。次に、経営的な利点として、スケートパークはエアコンの設備投資が不要のため、初期投資などが相対的に抑えられる点があった（上町家守舎）。

そして、最後の理由は、花巻スケートボード協会メンバーの熱意やこれまでの社会活動があげられた。小友によると、「事業の必須要件である『天地人』において、一番難しいのが『人』であり、誰がやり、誰とやるのか」が重要であるという。その点において、花巻スケートボード協会の佐々木をはじめとしたメンバーは、「『この事業が実現できるなら勤めている会社を辞めてもよい』というほどの熱意だった」。加えて、ボランティアでのスケートボードの普及活動や公共スケートパークの設置を実現した実績もあったことと同時に、地域の清掃活動なども積極的に参加し、地域に貢献する活動をしていたことが大きかった（上町家守舎）。

同協会が関わった花巻市の日居城野（ひいじょうの）運動公園内にある公共スケートパークは、現在、通称「花巻スケートパーク」と呼ばれ、ローカルスケーターや子どもを含めた市民に親しまれている。利用できる時間帯も9時から21時と相対的に遅い時間まで利用可能な場所である。以前は、電灯もほとんどなく、公園とはいえ、あまり利用されていなかった（岡田 2018）。

そうした公園内にスケートパークが設置された背景には、行政に対して佐々木を中心としたローカルスケーターの働きかけがあったことがあげられる。彼らは、花巻市スケートボード協会を設立し、約1,500名の署名簿を提出して、行政との協議を重ねて実現した（岡田 2018）。

しかしながら、2011年3月11日に東日本大震災が起こり、進みかけていたものが一旦休止状態になった。そうした状況のなかでも、佐々木が市長に直筆の陳情の手紙を書き、皆が落ち込んでいるときに、若者や子どもが街を誇りに思える場所や少しでも元気が出るような場所が必要であることを伝えたという。その熱意が市長にも伝わり、再びスケートパーク設置の計画が動き出した（岡田 2018）。

こうしたローカルスケーターのイニシアティブや取り組みはもとより、市民や市長、担当課の人たちのスケートボードや若者文化に対する理解があったことがスケートパーク設置に大きく影響を及ぼしていることはいうまでもないだろう。こうして設置された公共スケートパークは、2018年には、路面がアスファルトからコンクリートに改修され、スケートボードにより適した仕様になった。セクションには、ボックス、マニュアル台、バンク、アール、フラットレールが設置され、初級者から上級者までを対象としたパークとなっている。また、不定期ではあるが、花巻スケートボード協会による無料のスクールなども開催されており、子どもたちが参加している（岡田 2018）。

地域に貢献する活動を介して、スケートボードの普及や理解を促進してきた佐々木をはじめとした花巻スケートボード協会に運営委託を無料で行う形でマルカンビルの地下1階にスケートボードショップにスケートパークが併設された空間が生まれたのである。委託という形に関しても、事業者側は協会メンバー側と話し合いを重ねたという。協会メンバーは、本業の仕事があるため、ボランティアという形にし、できる範囲での営業とした（上町家守舎）。

他方、ボランティアのため、スケートショップ・パークの運営側に対する配慮として、「マルカンビルの営業時間以外は自由に使用可能（音楽やパーティも可能）」とすることや「マルカンビル大食堂のメニューを格安で提供」されるといった条件になっている。また、スケートボードに関連する苦情も年間1件未満と、これまでほとんどなく、何かあれば事業者側である上町家守舎代表の小友が直接対話をし、対策を伝えることで問題は解消されているという（上町家守舎）。

こうしたことが可能であったのは、花巻市スケートボード協会を設立した佐々木を中心としたローカルスケーターが社会との共存やスケートボードを通じて地域にどのように貢献できるかという視点を持って活動していることが大きいだろう。地道な積み重ねが、歴史ある花巻市のシンボルであったマルカン百貨店の地下1階に、新たな文化拠点となるスケートボード空間を創出することにつながったのである。このような蓄積がスケーターやスケートボードに対する理解を促進し、広範な人を巻き込んで、相互理解を深めているといえる[7]。

(4) 廃校の利活用

現在、オリンピック効果もあり、特に過疎化が進む地方都市では、廃校を利活用したスケートパークがつくられている。仙台、清里、沼津などである。発起人も、元プロスノースキーヤーやローカルスケーターで、運営も非営利法人（NPO）やローカルスケーターが担っているケースが多い。廃校を再利用するということは、天候に左右されず、屋内で自由に滑れるパークをつくることができるという利点がある。体育館やプールを改修し、そこにセクションを設置して、子どもから大人までの広範な人々が利用できる施設となっている。

廃校を再利用する場合の多くは、ローカルスケーターなどが行政に掛け合い、イニシアティブを取ってつくるケースがほとんどだろう。改修の一部は、ローカルスケーターや地域の人々の手でDIYや改修されているところが多い。こうした地域の人々の手でつくられた場所は、地域の拠点としてマネジメントされている場所として認識され、自分たちで運営管理しているという意識も高まる。同時に、スケーターのニーズや安全性などを満たすパークとなり得る。スケーターであれば、校内で滑ってみたいという願望があるかもしれない。それを叶える場所の1つになるのであろう。

憂慮すべきは、廃校となり、そのまま放置されているケースも多くある点だ。こうした場所を有効活用することは、小学校自体の記憶や歴史も継承でき、コミュニティの拠点ともなり得る。特に日本の地方都市においては、少子高齢化が進んでいる現状から、こうした空間の利活用が若者や住民を育て、地域活性化につながっていくであろう。行政主導ではなく、ローカルスケーターや地域住民でイニシアティブを取り、コミュニティスペースや拠点となる居場所を彼ら自身でつくっていくことは地域にとっても建設的に機能する場所となるだろう。

3. 地域文化として根付くスケートパーク

本章の事例を通じて、スケートボードがオリンピックの正式な競技種目になったことによって、スケートパークは、公的機関も私的機関のものも以前より比較的容易に開設されていることがわかる。こうして開設されたパークに共通していた点は、第6章と同様に、地域の文化として根付いた、人々に有用なスケートパークは、ローカルスケーターやスケートボードコミュニティが積極的に地域や自治体とコミュニケーションを取りつつ、関与している点であった。

加えて、ローカルスケーターや近隣コミュニティと深い関わりを持った私営のスケートパークも増えていた。それらは小規模であるが、地域のスケートボード協会や個人の経営・運営による、コミュニティに根差したDIYのスケートパークであった。地域のスケートボード文化を基盤とした空間として、コミュニティの拠点の1つになると同時に、自然に地域固有のスケートボード文化が蓄積され、文化的価値や外部性を生み出している空間になっていた。これらのスケートパークは少なからず文化資本として機能していたといえよう。

多くの事例を検証しなければ明確な結論は出せないが、オリンピック以後は、スケートパークのレベルや規模などさまざまな側面において、多様性が生まれているととらえられる。それは、多様な人々がアクセスできる環境が整備されつつあることを示しており、スケートボードの普及にも大きく貢献するものである。一方で、スケートボードと社会との共存という側面においては、スケートボードコミュニティの地元での地域（貢献）活動や社会との関わり方がより一層重要になる。

したがって、以前よりもスケートパークの数も、大規模な施設も増加しつつあるが、ローカルスケーターが建設の計画に実質的に参加し、運営管理などにも従事している、あるいは関わっているようなスケートパークが点として増え、都市空間で面となることは、スケートボードの発展や都市の再生や活性化への鍵になるだろう。それは、これまで論じてきたように、スポーツ振興を重視したスケートパークにせよ、コミュニティのスケートボード文化を重視したパークにせよ、スケートボード文化が基盤とされていることが、経済的価値や文化的価値を生み出すことに重要な役割を果たすためである。

【注】

1　同市の基幹産業の1つでもある林業を生かし、地元の杉を使用した木構造になっており、使用された木材の量は690㎥にも及んだという（村上市）。

2　同連盟は、平野歩夢の父親である平野英功らが中心となって組織された団体である。

3　バスケットボールコート設置の要望もあったため、それも臨海側のコーナーに設置した（北九州市）。

4　政府・自治体からの外出自粛要請に伴い途中で利用時間が変更され、この時間となった。もともとは、平日15〜21時と土日祝10〜21時であった。

5　他にも、東京ガス株式会社、東京ガス不動産株式会社、無印良品が協賛企業であった。

6　深夜の滑走を防ぐためにフェンスをしているところもあるが、これに関しては消灯するという方法もある。

7　佐々木らが作成した花巻市の公道を封鎖して、スケーターが商店街のある坂道を滑っている映像は、花巻市や警察も協力する形でつくられている。子どもたちも一緒に参加しており、スケートコミュニティの人たちだけではなく、市を含めて地域一体となってスケーターやスケートボード文化を理解しようとしていることが示されているだろう。

【参考文献】

岩手移住計画（2017年3月10日）「新生・マルカンビル大食堂の再出発！待ち望んだ再オープン日レポート【前編】」まきまき花巻
https://makimaki-hanamaki.com/165（2023年4月29日参照）

FM One（2021年6月25日）「第261回　笑っていい友 in 花巻　DPRTMENT　代表　佐々木大地様（ラジオ）」
https://fm-one.net/第261回%E3%80%80笑っていい友-in-花巻%E3%80%80dprtment

%E3%80%80代表%E3%80%80佐々木大/（2023年4月29日参照）
OTV沖縄テレビ「ショークラブが生まれ変わった『スケートパーク』子どもたちと地域のために」
https://www.youtube.com/watch?v=HwLXThIkGss（2023年4月5日参照）
沖縄市提供資料
沖縄県沖縄市（2019）『基地と沖縄市　平成31年3月』
岡田芳美（2018年6月14日）「パークのある街、花巻」まきまき花巻
https://makimaki-hanamaki.com/1718（2023年5月4日参照）
北九州市上下水道局水道部「下水管をスケートボードで走ってみた」
https://www.youtube.com/watch?v=eSNmsnr85uY（2023年4月5日参照）
北九州市提供資料
キャンプファイヤー
https://camp-fire.jp/projects/328053/activities/234348（2023年10月3日参照）
産経新聞（2016年4月17日）「岩手発　閉店表明のマルカン百貨店」https://www.sankei.com/article/20160417-5OIPOOWI7ZIPVLJKMUS4YBQWRA/（2023年4月29日参照）
総合ユニコム株式会社「月刊レジャー産業資料」11月No.662（2021年11月）
豊島鉄博（2021年2月24日）「沖縄のショークラブをスケボー場に改装『子どもの遊び場にしたい』とプロスケートボーダー」沖縄タイムス・プラス
日本経済新聞（2016年9月1日）「閉店のマルカン百貨店、大食堂が来年2月にも復活」https://www.nikkei.com/article/DGXLASFB31H0P_R30C16A8L01000/（2023年4月29日参照）
ナイキジャパンウェブサイト
www.nike.com/jp/tokyo-sport-playground（2023年4月29日参照）
波平勇夫（2006）「戦後沖縄都市の形成と展開―コザ市に見る植民地都市の軌道」『沖縄国際大学総合学術研究紀要』第9巻第2号 pp.23-60, 沖縄国際大学総合学術学会

【取材協力】
株式会社上町守舎
北九州市役所
スケートクラブ・オリオン
ナイキジャパン
村上市役所

第8章

なぜ スケートパークが 都市を 再生させるのか

提供：ナイキジャパン

交換価値の栄光と拡張は、使用価値を交換や交換価値の中に吸収する方向にむかう。ところが、使用や使用価値は、執拗に不屈に抵抗する。都市の中心のこの不屈さは、資本主義的都市の議論のなかで本質的な役割を果たす（Henri Lefebvre 1968[1]）。

1. スケートパークと都市空間の再生

(1) 物理的な再生

先行研究ですでに指摘されていたように、スケートパークは、忘れ去られた過去となってしまったようなエリアを再生していた。社会経済的な背景により衰退した危険な場所や人通りの少ない倉庫街、製造業の工場が立地している場所、高架下の薄暗い場所、あまり利用されていない公園、あるいはオリンピック会場となっていた場所（レガシー）などである。そうしたエリアを若者が自由に活動できる場所へと利活用することによって、活気づけたり、賑わいを創出したりしていた。今まで人通りのなかったところに人が存在することは治安においても建設的な影響を及ぼす。景観やコミュニティ再生にも連鎖的に同様なことがいえる。

こうしたエリアのほとんどは、騒音などによる問題についても、多少音が響いても気にならない条件の場所であった。また、通常の公園だった場所や屋内という空間をコミュニティの拠点として、あるいは観光と連携したような複合再開発事業として、賑わいを創出することも可能であった。

適切な場所に市民のニーズのある用途を設置することは、相互に利点がある。実際に、欧米などのスケートボードの先進諸都市では、荒廃した地域をスケートボードの聖地として再生させ、観光地や世界的な競技大会の場所になったところもある。適切な都市空間の再活用によって、社会的効果、正の外部性、経済波及効果の創出が期待できるのである。

(2) 機能的な再生

上記の都市空間の物理的な再生に加えて、本書では、スケートパークがスケートボード文化を蓄積し、都市空間を文化消費の空間から文化生産の空間へと導くことができる点を文化経済学的な視点から新たに示してきた。この点が重要なのは、第1章でも論じたように、マンフォード、宮本、ルフェーブル、ハーベイなどが指摘していた通りである（Munford 1970; 宮本1989; Lefebvre 1968; Harvey 2001）。

マンフォードは、『都市の文化』のなかで、都市の発展から衰退までを都市輪廻説として論じ、数字や量、富の大きさに囚われている都市空間はやがて衰退すると述べている[2]。つまり、経済的な効果やそれを生み出す消費の大きさを良し悪しの判断基準にすると、都市は衰退するということである。そうした際に、スケートボードコミュニティのイニシアティブや活動はそれに対抗する地域の力となるのである。

後でも詳しく触れるが、宮本は、地域住民や市民の地域計画や地域づくりへの参画や経営が重要であると1970年代に既に指摘している。また、ルフェーブルも「新しい社会集団は交換よりも使用を優先して、質で量に対抗するだろう」（Lefebvre 1991,pp.381-382）とし、ボーデンもスケートボードコミュニティやそうした社会集団が新しいまちへと変化させる手助けになると言及している（Borden ,2019 p.228）。そうした機会をスケートパークは提供しているのである。

加えて、ハウエルが指摘していた、ストリートカルチャー自体が市場性を持っている点については、第3章でも述べた通り、文化は歴史的にも経済と関連づいて発展してきた。一方で、文化消費志向に対抗して、都市文化の一部を生み出している空間の1つとなりえるのがスケートパークであることを、これまでの考察から示した。

スケートパークの機能で重要な点は、文化活動や文化的（人的）交流から創出された文化的価値の蓄積が地域のスケートボード文化として醸成・継承され、スケートボードの文化シーンを生み出している点である。実際に、スケートパーク自体が、「文化的価値を具体化し、蓄積し、供給する資産」という文化資本として機能している場合、第4章で論じてきた通り、歴史的価値、芸術的価値、社会的価値、精神的価値、真正的価値、象徴的価値、文脈的価値、愛着価値、教育的価値のいずれかの文化的価値が生み出されている。

スケートパークは、都市空間におけるスケートボード文化の生産の場の1つとして機能する文化資本といえる。その基盤となっているのがスケートボード文化である。第1章でも論じたように、本書でのスケートボード文化とは、使用価値を重視した、創造性を生み出す遊び文化あるいは娯楽文化であり、その文化活動を通じて新しい価値を生み出すものとして定義した。つまり、スケートボード文化を基盤としたスケートパークとすることが都市の再生や活性化には必要とされるのである。

したがって、スケートボード文化を基盤としたスケートパークは、都市空間における文化消費の場に対して、文化の生産場として機能する。そうした一連の文化活動および生み出される文化の蓄積の結果として、一部のパークは有名になることもあり、経済的価値を生じさせたり、高めたりすることにつながるのである。それゆえ、スケートパークが都市空間に存在すれば、あるいは安易に設置しても、都市やコミュニティの再生につながるわけではない。

2. 都市再生におけるスケートボード文化の意義

(1) スケートボード文化と市民主導のまちづくり

スケートパークが、先述のような文化的価値や経済的価値を生み出し、文化資本として有機的に機能するためには、まず、スケートボード文化が基盤となっていることが重要であった。それは、同一の文化基盤を通じて、年齢や性別、職業などに関係なく、文化的なコミュニティあるいは団体を形成することにつながるからである。スケートボード文化に限らず、今日まで継承され、使用価値を有する地域固有の文化というものは、それぞれのコミュニティや地域住民によって、その地域で歴史的にストックされ、再生産されている。そのため、文化の再生産過程（文化の継承・アップデート・振興）には、地域住民の連帯感や同じアイデンティティが存在するのである。

地域に根付いたこうした文化は、草の根文化といえる。草の根文化は、先述のように、それぞれの都市あるいはコミュニティにおける同一の文化基盤になりえるため、それを介して、政治的な組織や経済的な組織ではなく、文化的なソフトな組織として、「市民主導」でのコミュニティやまちづくりにつながる。実際に、スケートボードコミュニティはスケートパークの形成過程において、民主主義のプロセスを有し、「他者との連帯感、地域とのつながり、社会の本質を教える」などの文化的価値を生み出していた。こうした精神的な連帯を生むスケートボード文化は、草の根文化である。実際に、ローカルスケーターを含めた広範な市民が関わったスケートパークにおいて、エリアを再生したり、賑わいを取り戻したりすることにつながっている。

市民主導あるいは住民自治による地域づくりが重要なのは、本質的な価値が市民にとって有用であるという使用価値によって判断あるいは決定されるからである。スケートボード文化が都市文化の一部であるとするならば、スケートボード文化という文化的ストックは資本や政治に取り込まれる過程で破壊あるいは排除されたり、新しいものに置き換わったりする可能性があるため、スケーターを含む市民がスケートパークの建設計画のプロセスに実質的に関わることが重要になる。

それに関しては、欧米の成功しているケースにおいて、スケートパークの建設あるいは存続にあたり、計画のプロセスで専門の建築家やローカルスケーター、住民、自治体などの間で合意を経てから設置されているものがほとんどであったことからも示されている。それゆえ、都市文化や地域文化が資本や政治に取り込まれ、変質したり、消滅したりすることを回避するのも、次世代へと文化を継承していくのも、市民が主体的に考えて選択と判断をし、自分たちの住むまちの方向性を決め、コミュニティあるいは都市を構築していくことが重要になるのである。ロンドンのサウスバンクやポートランドのバーンサイド、ベニススケートパーク、マルメでもそうであった。スケートボード文化を同じ場所で継承することを選んだ結果、文脈的な価値を含めて地域固有のそこにしかない、クラシックなスケートパークの聖地となっているのである。

また、同じ文化基盤を持つ文化的団体であるスケートボードコミュニティの存在は、スケートボードに関連する問題の解消・緩和の糸口の1つあるいは一助となる。これまでの法律などの制度的な規制だけでは、問題の解消が難しいことが明らかであるため、こうした同一の文化基盤を介して、創造的に解決していくことが重要になる。日本のケースにおいても、スケートボードコミュニティがルールや安全性などの啓蒙活動や情報発信を行うと同時に、地域との交流や地域貢献活動を積極的に実施し、社会に対してスケートボードの理解を広め、相互理解を深めることによって、問題に対処していたところがほとんどであった。こうしたことを積極的に行うことで、問題も起きにくくなり、その対応にも迅速に適切な方法が模索され、創造的に解決させることにつながるのである。

この背景には、地域のスケートボードコミュニティという同一の文化基盤を介して、スケートボードに興じるという文化活動からだけではなく、社会貢献活動やDIYなどの創造的労働などからも連帯感を生み出すことによって、コミュニティとしてのアイデンティティを育成・醸成し、迷惑行為などの防止にもつながっていることがあげられる。つまり、スケートパークでは、さまざまな知識や情報が伝達・共有され、それらを含めて文化として醸成しているのである。ローカルスケーターの一部には、それがコミュニティや市民の一員として活動をし、責任を担い、コミュニティを自分たちでつくっているという意識を持つことにつながるだろう。

そうしたプロセスを経た場所はコミュニティの拠点ともなりえ、安心して多様な人々が訪れる、活気のある空間へと生まれ変わる可能性が生まれる。その結果、持続可能な都市や地域の発展にもつながっていくであろうし、使用価値のあるスケートパークとして持続可能性の高い施設になるのである。使用価値のあるスケートパークの形成には、ローカルのスケートボードコミュニティが存在し、彼らがイニシアティブを取って、管理や運営に緩やかに関わっている。

特定のコミュニティあるいは都市がそれぞれの文化を基盤とすることは、それぞれの地域の課題や目標に対して地域住民一体となり取り組める社会を構築することを促進する。同時に、そうした場所は、地域固有の文化が蓄積された空間にもなりえる。観光資源となるものも出てくるだろう。特筆すべきは、スケートパークにおいては、市民の連帯や自治が希薄となっている昨今の都市空間において、未来を担う若者がイニシアティブを取り、スケートボードという空間形成のプロセスを通して、連帯や自治の意義を問うことで、少なからず都市やコミュニティの再生・活性化や発展に貢献していた点であろう。

したがって、ローカルのスケートパークでの草の根の文化活動を介したスケートボード文化の継承・アップデート・振興は、都市の社会経済構造を再構築することに結びついているのである。つまり、草の根の文化活動の1つ1つが今後の地域や地域経済の発展を左右するといっても過言ではないだろう。そうした点（場所）が、都市空間に面で広がれば、自由で多様な機能を有するクリエイティブな都市として、文化的な魅力を増してくことにつながる。このことを、都市政策の立案者はもとより、スケーターや市民・住民の人たちが認識し、今後のスケートパークに関する都市政策のあり方や方向性を共に考えていくことが求められているのである。

(2) スケートボード文化と地域固有のスケートパーク

地域それぞれのスケートパークにおけるスケートボード文化の継承・アップデート・振興は、都市の社会経済構造を再構築することに結びついていることを既出の通り論じてきた。ただし、スケートパークをあるエリアに安易に設置しただけでは、都市やコミュニティの再生に貢献し、社会経済構造を再構築することに必ずしも結びつかない。

もし都市や地域のスケートボード文化を無視したようなスケートパークを設置したとすれば、それは標準化もしくは均質化したものになるだろう。そうしたスケートパークはすぐにハッキング（類似したものが建設）され、同様なもの、あるいは、それよりも良い設備のものが各地にできることになる。そうなれば、体育館やスポーツ施設と変わりはなく、クリエイティブな活動やそれに関連するビジネスあるいは観光分野に経済的に波及する可能性を減退させるだろう。そして、世界の主要都市ではオフィスビル開発が常に行われているのと同様に、施設同士の競争に晒されることになるのである。

一方で、スケートボード文化を基盤としたスケートパークは、文化的価値を生み出し、文化資本として機能しているため、地域固有のスケートパークになりえる。それを最も体現しているのがDIYのスケートパークであろう。DIYはローカルスケーターが自分たちでセクションなどの設備を設置してつくるため、地域固有のスケートボード文化を基盤としたスケートパークであるといえる。

地理学とスポーツ科学の専門家であるクリスチャン・ピーターズによると、自作DIYは、文化的なメインストリームからサブカルチャーという社会的にニッチなスケートボードに回帰させるという。初期のDIYのブームは、「スケーターに『自由の感覚』やストリートでの滑りを感じさせ、活性化させた」背景があったと述べている（Peters 2018, p.211）。

つまり、これまで考察してきた国内外の事例でも示されていたように、より自発的で、何かしらの制約から自由になるために、アイデアを生み出し、それを行動に移すことがDIYの概念であり、それゆえ、DIYを伴ったコミュニティや場所からは、社会運動が生じていた。結果として、排除されそうであった場所が、現在もスケートパークとして存続している例もある。そうした場所は、ロンドンのサウスバンクのように、さまざまなプロセスや経験を経ており、それを含めたスケートボード文化が蓄積されている場所になり、地域固有のスケートパークとなっているのである。

元来、スケートボードコミュニティでは、標準化・均質化されたスケートパークは人工的であり、ストリートスケートの方がより創造的であるととらえられ、後者が真のスケートボードであるという傾向がある（Peters 2018, P.202; Vivoni 2009; Howell 2001, 2005）。つまり、DIYのスケートパークの機能は、創造性の発揮という点において、ストリートスケートの機能に類似しているといえる。それゆえに、スケートパークを計画するプロセスにおいて、ローカルのスケートボードコミュニティを含む広範な市民の実質的な参加が成功の鍵となってくるのである。

実際に、使用価値があり、市民に親しまれている日本のスケートパークのほとんどに、ローカルスケーターが深く関わっていた。その一部には、地域住民との交流などを積極的に図って、地域の活性化に貢献しているケースもあった。ロンドンのサウスバンクやスウェーデンのマルメ、ロサンゼルスのベニススケートパーク、ポートランドのバーンサイドのスケートパークも同様であった。加えて、これらは、DIYから公共スケートパークになる形成過程についても文化的背景やストーリー（文脈的価値）がある。そのため、スケーターの間では広く知られた聖地としても有名となり、自然とスケーターが訪れてみたいスケートパークの1つになる。

昨今、スケートボードは、多くの人に親しまれる大衆文化あるいはメインストリームの文化となりつつあり、スケートパークの商業化が進んでいる。そうしたなかで、スケートボード文化のコアである自由で創造性を掻き立てる娯楽文化を基盤とするDIYの概念は、商業化やグローバル化に対抗するあるいは経済とのバランスを取るための重要な役割を果たすだろう。

同時に、ローカルスケーター自身がDIYや何かしら携わっているスケートパークは、地域文化をアップデートし、進化することに貢献する。そこでの文化活動や交流を介して、蓄積されてきたスケートボード文化とそれによって醸成した雰囲気はハッキングすることが困難であるため、ローカルスケーターによって長年利用され、親しまれているところが多く、使用価値のあるスケートパークが形成されているのである。第3章や第4章でも説明したが、スケートボード文化が地域の人々によってアップデートされ、蓄積されている場所は、イギリスやアメリカのスケートパークのように、国の歴史的遺産として登録され、歴史的な価値を有することが明らかである。こうした蓄積が、地域固有の文化として醸成する。

したがって、先述の通り、スケートパークを設置すれば、都市は再生し、活性化するのかというとそうではない。実際に、設置したが、ほとんど利用されず、文化活動の場としても機能していないようなスケートパークも存在している。そうしたパークでは、文化的価値は生まれず、地域固有の文化が蓄積、醸成されることはない。それゆえ、スケートボード文化を基盤としたスケートボードを設置することが重要なのである。それには、ローカルのスケートボードコミュニティや近隣住民のスケートパーク計画への実質的な参加が必要となる。

加えて、近年では、スケーターを魅了する観光スポットや複合開発の一部となっているスケートパークも現れるようになり、再開発事業として、観光などとも関連づいた都市政策が実施されている。今後は、日本においても、大規模な複合型開発（Mixed-use）などが実施されるようになるだろう。そうした場合でも、これまで論じてきた点を鑑みるならば、ローカルスケーターを雇用あるいは何かしらローカルのスケートボードコミュニティが計画から運営などに関わることが成功の鍵となるだろう。

3. 都市の維持可能な発展に向けて

本書を通じて、都市の再生や活性化には、スケートパークが重要な役割を果たしており、それにはスケートボード文化を基盤としていることが本質的な要因であった点を論じてきた。そして、その計画段階では、熟練した専門家やプロデューサーだけではなく、近隣コミュニティやスケートボードコミュニティおよびローカルスケーターが、コミットメントするプレイヤーあるいはアクターとして実質的に参加、従事し、使用価値があるスケートパークを設置することが鍵になる。そうしたスケートパークの一部は、社会への建設的な効果だけではなく、文化や観光などの他産業と関連づいて、経済に波及効果をもたらすことにつながる。

つまり、都市の再生や活性化のあり方は、スケートボード文化の継承や振興を枠組とすることが求められているのである。経済的効果や利潤を優先したスケートパークの設置あるいは開発ではなく、スケートボード文化を重視した、使用価値のあるスケートパークによる都市やコミュニティの再生のあり方である。こうした視点は、経済学者の宮本憲一が1972年に都市の維持可能な発展の理論として提唱している内発的発展論やその理論をさらに文化産業に焦点を当てて再解釈した創造都市論とその条件に当てはまる。

内発的発展論とは、自然環境の保護や文化継承の枠組みの中において、維持可能な都市経済の発展が可能であると論じている。そこに住む人々の環境や文化が脅かされているような地域では経済発展は見込めないため、市民の生活の質が保障されていることが前提となっている。そのため、経済発展だけではなく、地域の環境、文化、教育、医療、福祉など総合的な発展を目的として掲げるべきであるというのである。なお、この理論は、文化を産業化することを否定しているのではないし、地域内の経済循環を基本とした経済発展を主張しつつも、域外からの支援や企業の誘致なども完全に否定するのではなく、柔軟に取り入れて発展していくことも肯定的にとらえている（宮本1989, pp.296-303）。

そうした内発的発展の条件として、主に次の3つがあげられる。まず、地域での住民自治や住民参加制度が確立しており、彼ら自身が学習・計画・経営を行うこと、次に、地域の基盤産業（移出産業）が地域の他産業と関連づいて地域経済を発展していること、そして、そうして生まれた社会的余剰を文化・福祉・医療などに再分配することである（宮本1990, p.339; 1999, p.357）。

本書が取り上げたスケートパークの事例においても、スケートボード文化を介したコミュニティが計画過程から実質的に参加し、管理・運営にも関わっていたことは1つ目の条件にあたるだろう。つまり、スケートパークの主体がスケーターと地域住民であったことがあげられる。

2つ目の条件に関して、本書では詳細に触れていないが、先述のような有名なクラシックなスケートパークの聖地には、ローカルブランドがあり、それらは世界のスケーターを魅了し、スケートボードの製造業からファッション産業、そして観光産業とも関連づいて発展しているところもある。一般的に、地域固有の文化が観光やアート、デザインなどの他業種と関連づくことで、地元の経済や産業の発展につながっていることと同様なことがスケートボード文化にもいえるのである。

3つ目の条件に関しては、こうした仕組みを構築することは、今後の課題である。日本の場合は、海外のようなスケートパークの運営管理などを担えるような非営利組織やスケートボードに関連する中間支援組織、それらに関連する人材を育成することも必要であろう。

都市やコミュニティの環境や文化といった非経済的な価値を継承するためには、市民や住民によるまちづくりへの参加（場合によっては、社会運動のようなもの）が重要な鍵であり、不可欠になる。それは、企業の主要な活動目的が一般的に利潤を最大化することであるため、産業集積や資本蓄積の内部からは、文化や環境の保全の理論が出づらいことがあげられる（宮本・中村・横田編1990)。そのため、そこに住む人々が自分たちで非経済的価値を保全・継承し、アップデートして地域を形成していくことが求められているのである。なお、近年の企業は社会的責任が求められているため、CSR(Corporate Social Responsibility)活動などを積極的に行っている企業と協力していくことも重要になるだろう。

同様に、スケートパークを要望する際も、スケートボードに関わる地域問題を解決する際も、スケートボードコミュニティあるいはスケーターと地域住民とが相互理解を深め、創造的な発想や方法で解決していた。それが長期的に都市や地域の活性化や経済の発展へとつながるのである。それは、使用価値経済への可能性を示しているといえよう。

一方で、これまでの日本におけるスケートボードに関する政策は、スケートボードに関連する問題への対処のための政策が中心であった。今後の政策として検討されていたのが、アーバンスポーツとしてのスポーツ振興、あるいは競技大会開催などによる観光振興や地域振興などを目的とした政策である。同時に、PFI制度の導入により、スケートパークの再開発事業も行われ始めている。

スケートパークは有機的に機能すれば、先述の文化的価値や外部性を生み出す。それは、文化だけではなく、教育、福祉、環境などの総合的な発展が見込めるともとらえられる。したがって、スケーターやスケートパークを都市社会から排除するのではなく、社会と共存しつつ問題をクリエイティブな発想で解消しつつ、観光やファッション、建築、建設などの産業と関連づいて地元経済に活気をもたらし、都市の再生に貢献するための総合的な目的を持ったオルタナティブな都市政策が求められているのである。また、スケートパークが包含する経済的価値や文化的価値がもたらす公共的な利益は、スケートパークに関連する都市政策の論拠ともなるであろう。こうした価値を生み出すためには、スケートボード文化を基盤とすることがスケートパークには求められているのである。同時に、適切な場所への設置も鍵となるだろう。

【注】

1 『都市への権利（2011）』p.198.

2 都市輪廻の第一段階が「村落の生起」である「原ポリス」、第2段階が「ポリス」、第3段階が「メトロポリス」、第4段階が「メガロポリス（巨大都市）」、第5段階が「ディラノポリス（専制都市）、第6段階が最後であり、「ネクロポリス（死の都市）」である。第1段階から第3段階までは、人口が増え、発展段階にあるが、第4段階からは衰退の始まりとしている。

【参考資料】

斎藤幸平（2020）『人新世の「資本論」』集英社新書

斎藤幸平（2023）『ゼロからの「資本論」』NHK出版新書

佐々木雅幸（2012）『創造都市への挑戦』岩波現代文庫

清水麻帆（2022）『「まち裏」文化めぐり［東京下町編］』彩流社

宮本憲一（1973）『地域開発はこれでよいか』岩波新書

宮本憲一（1989）『環境経済学』岩波書店

宮本憲一・中村剛治郎・横田茂編著（1990）『地域経済学』有斐閣ブックス

宮本憲一（1995）『都市をどう生きるか―アメニティへの招待』小学館

宮本憲一（1998）『公共政策のすすめ―現代的公共性とは何か』有斐閣

宮本憲一（1999）『都市政策の思想と現実』有斐閣

Borden, Iain（2001）*Skateboarding, Space and the City: Architecture and the Body*, Oxford International publishers＝『スケートボーディング、空間、都市―身体と建築』齋藤雅子・中川美穂・矢部恒彦訳（2006）新曜社

Borden, Iain（2019）*Skateboarding and the City: a complete history*, Bloomsbury Visual Arts.

Butz, Konstantin and Peters, Cristian（2018）*Skateboarding Studies*, Koening Books.

Harvey, David（2001）*Space of Capital: towards a critical geography,* New York.

Harvey, David（2013）"The Right to the City," *International Journal of Urban and Regional Research*, vol.27, no.4, pp.939-941.

Howell, Ocean（2018）"The 'Creative Class' and the Gentrifying City; Skateboarding in Philadelphia's Love Park," *Skateboarding Studies,* Koening Books＝Howell, Ocean（2005）"The 'Creative Class'and the Gentrifying City: Skateboarding in Philadelphia's Love Park," *Journal of Architectural Education*, vol.29, No2, pp.32–42.）

Howell, Ocean（2001）'The politics of Security: Skateboarding, Urban Design, and the New public Space,' *Urban Policy,* https://urbanpolicy.net/wp-content/uploads/2013/02/Howell_2001_Poetics-of-Security_NoPix.pdf（2023年3月20日参照）

Lefebvre, Henri（1968）*Le Droit à la ville,* Anthropos＝『都市への権利』森本和夫訳（2011）筑摩学芸文庫

Lefebvre, Henri（1991）*Production of Space*, Oxford Blackwell＝『空間の生産』斎藤日出治訳（2000）青木書店

Lefebvre, Henri, Kofman, Ekeneonore, and Labas, Elizabeth eds,（ 1996 ）*Writing on Cities*. Oxford Blackwell.

Munford, Lewis（1970）*The Culture of Cities*, Mariner Books =『都市の文化』生田勉訳（1974）鹿島出版会

Peters, Cristian（2019）"'Reclaim Your City' Skateboarding and Do-It-Yourself Urbanism," *Skateboarding Studies*, Koening Books.

Vivoni, Francisco（2009）"Sport of Spatial Desire – Skateparks, Skateplazas and Urban Politics," *Journal of Sport and Social Issues,* vol.33, no.2, pp.130-149.

あとがき

じつは私自身はスケートボードに乗ったことは一度しかない。高校生のときに、簡単そうにみえたのでやってみると、かなり難しく、膝を擦りむいた記憶がある。それが私のスケートボードのたった1回の経験である。ただ、今でもなぜか鮮明に記憶に残っている。そして、その頃の私が、まさか数十年後に、スケートボードに関する本を出すとは夢にも思っていなかった。

ただ、著者にも、スケーターの人たちと同じような苦い経験はある。小学生の時に、ローラースケートをして怒られたことである。当時、ローラースケートが流行っており、住んでいた官舎の屋上で毎日滑っていたら、「うるさい」と怒られ、仕方がないので、近所の道で車に気をつけながら滑っていた。おそらく、ほとんどのスケートボーダーも怒られた経験を持つだろう。

先日も大学校内でスケートボードを抱えた学生がいたので、話を聞いてみようと思い、声をかけたら、話をする前から「すみません」と謝られた。私に怒られると思ったようだが、彼は校内で滑っていた訳ではなく、悪いことはしていないにもかかわらず、いきなり謝ってきたため、怒られ慣れているんだろうと思った。

本来、スケートボードは、将棋を指すことや芸術作品の創作、あるいは子どもの砂場遊びや人形遊びと同様なクリエイティブな遊びである。そうした自由でクリエイティブな活動であるスケートボードが社会と共存し得る都市あるいは社会やコミュニティを構築できないかと思い、筆を取った。

著者は、「文化を基盤とした都市の再生や維持可能な発展」について研究しており、ジェイン・ジェイコブズは大学院生のときに読んでいた。まさか、ジェイコブズが、スケートボードに関して、同じような意見をコメントしていたとは少し驚いた。一方で、それを発見した際、この調査を進めることにワクワクした。こうして書き上げた本書が、少しでも、今後のコミュニティや社会に役立てばありがたいことである。

最後に謝辞を述べておきたい。本書が完成するまでに、多くの方々に大変お世話になった。快く取材に応じてくれたスケートボード関係者各位、各地域のスケートボード組織、スケーターの方々や自治体のご協力には心より感謝申し上げたい。また、編集担当の松村理美さんにも多大なるサポートをしていただき、なんとか完成することができた。謝意を表したい。

そして、水曜社の仙道弘生社長には、いつも叱咤激励をいただき、このような執筆の機会をいただいたこと、多忙を極め執筆活動が思い通り進まないなか、辛抱強くお見守りいただいたことに、この場を借りて、厚く御礼申し上げたい。

2023年11月東京にて

清水 麻帆（しみず・まほ）

文教大学国際学部准教授。立命館大学大学院政策科学研究科修了、博士（政策科学）。立命館大学助手、日本学術振興会特別研究員（PD）、大阪市立大学G-COE博士研究員、大正大学助教などを経て現職。専門は文化経済学・地域経済学・都市政策論。社会活動・外部委員として、文化経済学会〈日本〉理事、コンテンツツーリズム学会常務理事など。2013年に日本都市学会の論文賞受賞。主な著書に『「まち裏」文化めぐり［東京下町編］』〈単著〉（彩流社、2022）、『創造社会の都市と農村』〈共著〉（水曜社、2019）など。

スケートボード資本論
――アーバンスポーツは都市を再生させるか

発行日	2023年12月13日　初版第一刷
著　者	清水 麻帆
発行者	仙道 弘生
発行所	株式会社 水曜社 〒160-0022 東京都新宿区新宿1-31-7 TEL 03-3351-8768　FAX 03-5362-7279 URL http://suiyosha.hondana.jp/
装幀・DTP	中村 道高（tetome）
印　刷	日本ハイコム株式会社

ISBN978-4-88065-555-0 C0036